과학적으로 도를 아십니까

과학적으로
도를
아십니까

초판 인쇄 2025년 5월 2일
초판 발행 2025년 5월 9일

지은이 권대경
펴낸이 유해룡
펴낸곳 (주)스마트북스
출판등록 2010년 3월 5일 | 제2021-000149호
주소 서울시 영등포구 영등포로5길 19, 동아프라임밸리 1007호
편집전화 02)337-7800 | **영업전화** 02)337-7810 | **팩스** 02)337-7811
원고투고 www.smartbooks21.com/about/publication
홈페이지 www.smartbooks21.com

ISBN 979-11-93674-21-5 03100

과학적으로 도를 아십니까

삶에 좌절했던 치과의사가
노자·장자에서 찾은 과학적 행복 철학

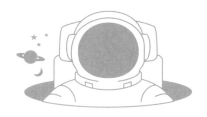

권대경 지음

스마트북스

머리말

"도道를 아십니까?"

무엇보다도 심오하고 깊은 의미를 지닌 문장임에도 불구하고 몇몇 종교단체의 포교활동과 연관되며 이제 우리나라에서는 유머, 조롱의 소재로나 쓰이게 된 표현입니다.

어려서부터 순하고 만만하게 생긴 외모 덕에 길거리에서 종종 수많은 친절한 도道의 전도사들로부터 환대를 받았지만, 그들의 낙원(혹은 아지트?)까지 따라간 적은 없었기에 정작 그들이 말하는 도道가 과연 무엇을 의미하는지 저는 아직도 모르겠습니다.

원래는 '길' 또는 '방법'이란 뜻을 가진 도道라는 단어를 철학적으로 깊이 체계화한 사람은 노자입니다. 그는 우주와 자연의 근본 원리이자 모든 존재의 본질적인 법칙을 도道라고 불렀으며, 이러한 도道를 깨달아 자연의 이치에 따라 조화롭게 살며 삶과 죽음을 초월한 완전한 자유와 평안의 경지에 도달하는 것을 목표로 삼았습니다.

노자의 철학이 도道를 중심 개념으로 삼기 때문에 그의 사상을 따르는 학파는 도가(道家)라 불리게 되었고, 이후 노자의 철학을 풍성하고 다채롭게 발전시킨 장자의 존재감 덕분에, 도가사상은 노자와 장자의 앞 글자를 따 '노장사상'이라 불리기도 합니다. 때문에 도가에 관심 있는 사람들이라면 노자와 장자를 같이 묶어 부르는 '노장'이라는 용어가 매우 익숙하지요.

집중력은 박약하고 곰처럼 잠은 많아서 학창시절 수업시간에 통 집중하지 못했던 저 같은 비모범학생도 이름만은 들어봤을 정도로, 노자와 장자는 꽤나 인지도는 높은 철학자들입니다. 하지만 당시 어린 학생이었던 저의 목표는 오로지 시험 점수였기에, 중간고사 때 그들의 핵심사상인 '무위자연'이라는 답을 적기 위한 암기를 끝으로 노장과의 인연은 끊어졌습니다.

하지만 이후 성인이 되어 사회의 풍파를 맞고 절망과 고난에 찌들어 있을 때, 지인의 권유로 읽게 된 노장의 책을 통해 다시 그들과의 인연이 시작되었습니다. 마음을 열고 노장사상을 접하자, 시험 점수 1점을 더 받기 위해 머리로만 외울 때는 느낄 수 없었던 정신적 해방감이 거대한 해풍처럼 몰아쳤습니다.

노벨문학상 수상자인 헤르만 헤세를 비롯한 수많은 학자들이 철학적 걸작으로 평가한 노장의 저서는 어느 시기와 상황에서 펼쳐보아도 명쾌한 해답을 제시해 주는 마법 같은 느낌을 선사합니다.

1년이 지나고, 10년이 지나도 펼쳐볼 때마다 막히지 않는 답을 제시해 주는 척척박사 같습니다.

하긴 창칼과 화살이 난무하는 전쟁이 일상이었던 춘추전국시대에도 많은 사람들에게 깊은 위안을 주었던 책들인데, 현대인들에게 정신적 쉼터를 제공하는 역할쯤이야 너무나 가뿐한 일일지도 모릅니다.

노장의 책이 시공을 초월해 늘 유효한 해답을 내놓을 수 있는 비결은 도가라는 학파가 우주 만물의 근본 원리인 도道를 다루기 때문입니다. 그들이 다루는 도道는 모든 원칙, 상황, 시기를 초월하여 무한히 광활하고 유연합니다. 다만 노장의 사상은 종종 오해와 과소평가를 받는데, 이는 그 깊은 곳에 숨겨진 메시지가 온전히 전해지지 못했기 때문입니다. 대표적인 오해 두 가지를 살펴보겠습니다.

노장의 사상은 도피적이고 소극적이다?

많은 사람들이 종종 노장의 핵심 개념인 '무위자연'을 인적 드문 곳에 들어가 아무것도 하지 말라는 식의 소극적인 의미로 오해하지만, 오히려 정반대입니다.

'무위'란 '인위'를 따르지 않는다는 의미입니다. 즉, 노장의 무위란 자신의 본성을 가로막는 인위적인 허례허식, 규제 등을 초월한 궁극의 자유를 의미합니다. 그러므로 소극적이기보다 오히려 극도로 과감하고 적극적인 사상으로 볼 수 있습니다. 또한 한없이 개방적이고 포용적이어서 많은 사람들에게 충돌 없이 받아들여질 수 있습니다.

노장의 사상은 비과학적이다?

고대 철학은 현대 과학과는 그 뿌리와 언어 자체가 다르기 때문에 현대인의 시각에서는 당연히 비과학적으로 보일 수 있습니다. 하지만 이는 "문학은 수학적이지 않다."고 비판하는 것과 같은 어불성설입니다.

언어를 초월하여 본질적인 메시지에 집중하면, 노장사상과 현대 과학이 공유하는 가치관을 발견할 수 있습니다. 특히 두 사상은 자연 조화, 상호연결성, 상대주의 등과 같은 개념들에서 흥미로운 유사성을 보여줍니다.

오스트리아 출신의 이론물리학자 프리초프 카프라는 그의 저서 『현대 물리학과 동양사상』에서 "노장사상은 현대 물리학이 설명하고자 하는 우주의 근본 원리와 놀랍도록 유사하다."고 말했습니다. 이 책은 과학과 철학을 융합한 혁신적 시도로 전 세계적인 주목을 받았지만, 논리가 다소 비약적이고 극단적이라는 비판을 받기도 했습니다.

하지만 그렇다고 해서 노장사상 전체가 비과학적이라고 단정 짓는 것 또한 또 다른 비약이자 극단입니다. 관심을 가지고 살펴보면 노장사상에 호의적이거나 비슷한 관점을 제시한 과학자들을 많이 찾아볼 수 있기 때문입니다.

일례로 노벨물리학상 수상자인 닐스 보어의 상보성 원리는 동양의 음양사상과 철학적으로 상당히 유사하다고 평가되며, 실제로 닐스 보어는 아예 가문의 문장에 태극문양을 새겼을 정도로 동양철학에 관심이 많았던 것으로 알려져 있습니다.

다만 노장사상의 과학적 측면은 아직 많이 알려지지 않았기에 저는 이 책을 쓰게 되었습니다.

개인적으로 노장사상을 공부하다 보니 예상보다 합리적이고 과학적인 면모가 많다는 사실에 놀랐고, 노장사상에 과학적 개념을 덧붙이고 풀이해 보는 과정이 무척 즐거웠습니다. 이때 메모해 두었던 내용들을 공유했을 때 노장사상에 흥미를 가지게 될 사람이 한 분이라도 생긴다면 큰 보람을 느낄 것 같아 이 원고를 출간하게 되었습니다.

물론 수많은 과학 마니아들 앞에서 과학을 운운하는 것이 다소 부끄럽습니다. 저는 이 책을 전문적인 철학서나 과학서라 생각하지 않습니다. 마음을 치유하기 위해 스위스로 떠나 치유의 일기를 적어나간 작가를 '스위스학 전문가'라 부르지 않고, 그가 쓴 책을 '스위스학 교재'라고 하지 않듯이 말이지요. 이 책은 그저 노장사상에 과학을 버무려 재미있게 학습하고 싶었던 평범한 중생의 고군분투 에세이 혹은 학습노트라고 생각해 주시면 감사하겠습니다.

하지만 고군분투에도 불구하고, 이 책만으로는 심오한 노장사상을 반의반의 반도 제대로 표현할 수 없습니다. 도가의 두 거목인 노자와 장자조차도 도道는 어떤 언어로도 온전히 표현할 수 없으므로 언어를 초월하여 마음으로 도_道를 느껴야 한다고 강조했습니다. 전 세계 수많은 학자들이 극찬한 자신들의 저서조차도 도_道를 잡기 위한 올가미 같은 수단에 불과하며, 도_道를 잡고 나면 올가미에도 더 이상 집착 말고 버리라고 말했습니다. 그럴지언데 이 책이 어떻게 감히 노장사상을 완벽히 담아냈다고 할 수 있겠습니까.

이 책은 그저 도_道를 잡는 올가미인 '노자와 장자'를 잡는 올가미쯤 된다고만 생각해 주십시오. 한 사람이라도 이 책을 통해 노자와 장자에 관심을 갖게 된다면, 이후에는 올가미처럼 가볍게 버려져도 충분히 그 역할을 다했다고 생각합니다.

노장사상의 깊이를 온전히 전달하기에는 저의 그릇과 지혜는 작고도 작지만, 그럼에도 이 책을 쓴 이유는 노자와 장자라는 훌륭한 책을 더 홍보하기 위한 안내서를 자처하고 싶었기 때문입니다.

노장사상에는 세상을 행복하게 할 지혜가 가득 담겨 있기 때문에, 한 사람이라도 더 노장의 사상을 접한다면 이 세상이 한 걸음 더 아름다워질 거라고 생각합니다.

젊었을 때는 "나 혼자 노력해서 거친 세상에서 내 한 몸만 건사하면 되겠지."라고 생각했지만, 가족이 생기고 자식이 생기자 진심으로 그들이 살아갈 이 세상 자체가 더 행복한 곳이 되었으면 하는 바람이 가득합니다.

이 책을 조금이라도 흥미롭게 읽으신 분들은 노자와 장자의 사상을 추가적으로 더 깊이 공부해 보게 되기를 바랍니다. 이 책이 부족하다고 생각하시는 분들도 이 책만으로 노장사상을 함부로 판단하지 마시고 노자와 장자의 책을 한번쯤은 직접 읽어보고 평가해 주시길 바랍니다.

2025년 5월

권대경

일러두기 ─────────

• 본 책은 총 16개의 장과 에필로그로 구성되어 있으며, 각각은 [사자성어+토막 이야기+본문]으로 구성되어 있습니다.
• [사자성어]는 각 장의 제목이며, 노장사상의 주요 개념을 잘 반영하는 것을 선별했습니다. 의미의 적합성 위주로 선별했기에 무조건 노자와 장자가 직접 언급한 사자성어만으로 한정하지는 않았습니다.
• [토막 이야기]는 노장의 저서에서 사자성어의 의미를 잘 뒷받침하는 내용들을 발췌한 것입니다. 여러 번역본들을 참조하여 요약하고 재구성했으며 그 중 주요한 저서는 다음과 같습니다. 『장자』(김갑수, 글항아리, 2019, 초판 1쇄), 『장자』(송지영, 신원문화사, 2006, 초판 1쇄), 『마음으로 읽어내는 도덕경』(정창영, 태학사, 2023, 초판 1쇄)
• [본문]은 [토막 이야기]를 잘 뒷받침하는 과학적인 지식들을 종합하여 정리한 것으로, 참조한 연구와 문헌 등은 본문과 책 말미에 수록한 참고문헌 목록에 직접 명시했습니다.

차례

인생조로

人生朝露

인생은 아침 이슬과 같이 덧없다

작은 세계에 사는 것들은 상상할 수조차 없는 거대한 세계가 있다.

짧은 생을 사는 것들은 오랜 세월이란 개념을 알 도리가 없다.
하루살이는 그믐이나 초하루를 알 수가 없고
매미는 봄이나 가을을 알 수가 없다.

옛날 초나라 남쪽에 있던 '명령'이라는 나무는
500년을 봄으로 삼고 500년을 가을로 삼았다.
또한 '대춘'이라는 나무는 8,000년을 봄으로 삼고 8,000년을 가을로 삼았다.
이에 비하면 고작 수백 년을 살았다는 전설 속의 인물 '팽조'를 부러워하며
애쓰는 인간들이란 얼마나 가련한가.

_장자, 『장자』 소요유

사람들은 종종 바로 눈앞에 닥친 일들을 세상 전부인 것처럼 받아들여 일희일비하지만, 우주 전체에 비하면 인생에서 벌어지는 일들은 티끌에도 비유될 수 없을 만큼 작고 사소합니다. 그야말로 너무 조그맣고 불안정해서 아침 햇살이 떠오르면 바로 말라버리는 아침 이슬에 비유되기도 하는 것이 인생이지요. 한 사람의 인생은 고사하고 거대한 지구 전체조차도 우주에 비하면 눈곱보다 작은 존재입니다.

만약 우주 전체를 매일 관리하는 격무를 떠맡게 된 어떤 새내기 신이 있다면, 설령 갑자기 운석이 충돌해 지구가 박살 나더라도 그는 이를 인지조차 못 할 것입니다. 우리가 거실에 있는 까만색 TV에 먼지 한 톨이 내려앉는 사소한 충돌 따위는 전혀 못 느끼는 것처럼 말이지요.

인생이 버겁고 무거울 때는 우주가 얼마나 거대한지 떠올려 보고 그에 반해 인생은 얼마나 작고 사소한 것인지 곱씹다 보면, 어깨를 짓누르는 삶의 무게가 조금은 가벼워질 수도 있습니다.

슬픔과 사랑을 깊이 통찰하는 작품들로 사랑받는 시인 정호승은 토성에서 찍은 지구 사진을 책상 앞에 붙여두고 종종 바라본다고 합니다. 그 사진을 보며 지구가 얼마나 작은지 되새기고, 상대적으로 자신의 고통은 얼마나 작고 사소한 것인지 되새길 때마다 마음의 위안을 얻는다고 했지요.

물론 우주가 거대한지 모르는 사람은 아무도 없습니다. 하지만 그 수치와 비율을 사실적으로 확인해 가며 머릿속에 그려가다 보면 우주가 얼마나 광활하고 장엄한지 더욱 생생하게 느낄 수 있습니다.

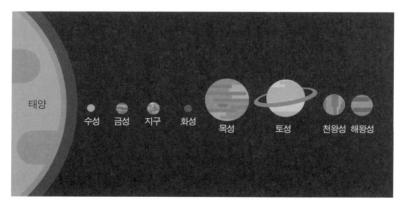

왜곡된 태양계

인생조로

앞쪽 그림은 학창시절 지구과학 시간에 종종 등장하는 태양계 일러스트입니다. 하지만 엄밀히 따지면 과학적으로는 오류가 너무나 심각한 그림이지요. 실제 행성들은 절대로 이렇게 사이좋게 옹기종기 모여 있지 않기 때문입니다.

그렇지만 태양계를 이렇게 그릴 수밖에 없는 이유는 태양은 너무나도 거대하고, 그에 비해 지구는 너무나도 작으며, 각 행성 간의 거리는 너무나도 멀어서 도저히 한 장의 그림에 담을 수가 없기 때문입니다.

하지만 아무리 어쩔 수 없다 쳐도, 한창 상상력이 풍부한 어린 학생들에게 우주에 대한 잘못된 선입견을 심어주게 될까봐 걱정이 되기도 합니다. 예를 들어 앞쪽 그림 속 지구와 화성 간의 거리만 보면, 마치 비행기로 한국과 유럽을 몇 번 왕복할 정도의 인내심만 있으면 누구나 쉽게 화성에 갈 수 있을 것처럼 느껴지기 때문이지요.

그러나 인류는 화성에 우주선을 착륙시키기 위해 여간 고생을 한 게 아닙니다. 1960년대 당시 미국과 세계의 패권을 다투던 초강대국 소련은 국가의 자존심을 걸고 미국보다 먼저 화성에 우주선을 착륙시키기 위해 전력을 다했습니다(공식적으로 공개된 기록은 없지만 5년이 넘는 기간 동안 수천 명의 전문가와 천문학적인 자본을 투입했다고 추정됩니다). 그리고 천신만고 끝에 1971년 인류 최초로 화성에 우주선 마르스 3호를 착륙시키는 데 성공합니다.

하지만 이러한 고생이 너무나 민망하고 안타깝게도, 마르스 3호는 화성 착륙 후 14.5초 만에 통신이 두절되며 탐사는 실패하고 맙니다. 이후

소련의 라이벌인 또 다른 초강대국 미국이 최고의 과학자들을 투입하여 수년간 혼신의 노력을 다한 끝에야 비로소 인류는 '정상적으로 임무를 수행한 최초의 화성 탐사선'이라고 볼 수 있는 바이킹 1호를 1976년에 화성에 착륙시키는 데 성공합니다.

이런 우주과학자들의 피나는 노력에 경의를 표하고 아기자기해 보이는 태양계에 대한 선입견을 깨부수기 위해 한번쯤은 태양계의 실제 수치와 비율을 실감나게 체감해 볼 필요가 있습니다.

2015년에 미국의 영상제작자들이 천문학자의 도움을 받아 태양계를 네바다 사막에 실제 비율로 구

네바다 사막 태양계 구현 프로젝트

인생조로

현한 흥미로운 프로젝트가 있습니다. 이 프로젝트에서는 1cm의 구슬을 지구로 삼고, 태양과 행성들은 같은 비율로 축소한 전구 등의 물체로 나타냈으며, 천체 간 거리 역시 같은 비율로 압축하여 표현했습니다. 그 결과, 태양에서 지구까지 거리는 176m이며 화성까지는 269m, 해왕성까지는 5.6km였습니다. 해왕성까지를 기준으로 했을 때 태양계의 총지름은 11.2km나 되니, 태양계는 애초에 한 장의 종이로는 어림도 없고 드넓은 사막에나 겨우 압축해서 구현할 수 있는 거대한 세계였던 것입니다.

네바다 사막 태양계 구현 프로젝트

참고: https://www.youtube.com/watch?v=E3dkuQ-dLow

이런 태양계를 만약 실제 비율의 그림으로 교과서에 수록하려면, 지구를 1mm로 축소해도 책장의 종이 길이는 1.12km나 되어야 합니다. 어쩔 수 없이 길이 25cm 정도 되는 교과서의 종이를 사용하되 지구의 크기는 실제 비율대로 축소한다면 약 0.00022mm 정도가 되므로, 아마 지구과학

시간마다 학생들은 현미경을 필수적으로 지참해야 될지도 모릅니다.

물리학자 김항배 교수도 비슷한 재미있는 시도를 했습니다. 태양계를 종이 한 장이 아닌 책 한 권에 구현해 본 것이지요. 이 책에서 지구의 크기는 사이즈를 1,000억분의 1로 축소한 0.13mm입니다. 앞장에서부터 우리에게 친숙한 태양과 행성이 하나씩 나오기 시작합니다. 태양은 14쪽에 등장해서 여섯 쪽에 걸쳐 이어지고 27쪽쯤 되어서야 드디어 지구가 나옵니다. 쪽수가 계속 이어지다가 201쪽에서야 해왕성이 나타납니다. 그리하여 책 제목도 『태양계가 200쪽의 책이라면』입니다.

비율이 왜곡된 그림에서는 오밀조밀 아기자기해 보였던 태양계에 대한 선입견을 깨보기 위한 다양한 시도가 있었다는 점이 참 흥미롭습니다. 네바다 사막 태양계 프로젝트의 기획자인 와일리 오버스트리트는 사람들에게 우주의 경이로움을 선사하고, 넓은 우주에 빗대 인간 존재의 사소함을 돌아보도록 하기 위해 이 프로젝트를 기획했다고 합니다.

하지만 이 정도로 우주의 크기를 체감했다고 하기에는 아직 갈 길이 너무나 멉니다. 그 거대한 태양조차도 우주에서는 흔하디흔한 고작 하나의 별에 불과하기 때문입니다. 별은 항성이라 부르기도 하는데 항성은 스스로 빛과 열을 생성하는 천체라는 의미로, 태양도 그저 우주 속 수많은 항성 중 하나일 뿐입니다. 다만 태양만 유독 다른 별들보다 밝고 거대한 이유는, 그저 태양은 지구에서 가깝고 다른 별들은 우리가 상상할 수 없을 만큼 멀리 있기 때문이지요.

별들이 어찌나 멀리 떨어져 있는지 그나마 지구에서 가장 가깝다고 알려진 '프록시마 켄타우리'라는 별도 빛의 속도로 4년을 넘게 달려야 도달할 수 있는 거리에 있습니다.

지금 당장 프록시마 켄타우리가 파괴되어 사라져도 4년 뒤에나 나의 눈에 관찰될 수 있다는 의미이니 다른 별들은 대체 얼마나 멀리 떨어진 것인지 감히 가늠하기도 어렵습니다.

고대 신화나 전설에서는 하늘에 태양이 여러 개 떠 있는 상황은 극히 부자연스럽고 비정상적인 것으로 묘사되었습니다. 영화 속 수많은 라이벌들이 "하나의 하늘에 두 개의 태양은 있을 수 없다."며 싸웠고, 중국 전설 속의 요임금은 하늘에 갑자기 10개의 태양이 떠올라 온 나라가 불구덩이로 변하자, 예(羿)라는 명궁을 불러 화살로 9개의 태양을 맞혀 떨어뜨리게 하여 세상을 구했습니다. 하지만 알고 보니 밤하늘에 아직도 수천 개의 태양이 남아 있다는 사실을 요임금이 알게 되면 얼마나 놀라 자빠질까요.

그나마 다행인 것은 밤하늘의 별 하나하나는 태양과 동격인 천체임에

도 불구하고, 워낙 지구에서 멀리 떨어진 덕분에 그다지 밝지는 않다는 점입니다. 때문에 수많은 별들이 떠 있어도 밤하늘의 대부분은 칠흑같이 어둡습니다. 그렇기에 당연하게도 과거 많은 사람들은 밤하늘에 별이 많긴 하지만, 나머지 대부분의 공간은 시커먼 공백이라고 생각했습니다.

NASA 역시 허블우주망원경이란 관측기구를 쏘아 올려서 오래전부터 우주를 관찰하고 있었지만, 당연히 시커먼 빈 공간이 아닌 그나마 관측해 볼 가치가 있는 천체를 위주로 촬영을 하고 있었지요. 그런데 1995년 어느 날 우주망원경과학연구소의 책임자인 로버트 윌리엄스라는 엉뚱한 천문학자는 아무것도 없는 빈 우주공간을 찍어보자는 괴상한 제안을 했습니다.

당시에는 그를 미친 사람으로 보는 사람이 많았습니다. 그도 그럴 것이 이 허블우주망원경은 구축 및 발사하는 데만 25억 달러가 들었고 운용 비용만 연간 1억 달러 이상이 소요되는 매우 정교하고 복잡한 기계이기에, 각도를 아주 조금만 미세하게 조정해도 천문학적인 비용이 소모되기 때문입니다.

하지만 우여곡절 끝에 제안은 수용되었고, 허블우주망원경은 1995년 12월 18일부터 10일간 우주의 시커멓고 공허한 부분을 촬영하였는데, 그 결과로 얻은 사진은 전 세계 천문학계를 경악시킵니다. 아무것도 없는 허공으로 여겨졌던 캄캄한 우주공간에도 별들이 수도 없이 존재한다는 것이 밝혀졌기 때문이지요.

허블 딥 필드

위 사진이 바로 그 유명한 허블우주망원경 사진인 '허블 딥 필드'입니다. 그냥 육안으로 볼 때는 허공인 줄 알았던 하늘과 우주에서 10일 동안 빛을 수집하여 재구성했더니 실제로는 수많은 별들이 꽉 차 있었습니다.

하지만 여기서 놀라긴 이릅니다. 사진 속의 수많은 광원들의 대부분은 심지어 별이 아니라 '은하'이기 때문입니다. 은하란 수많은 별, 가스, 먼지 등이 결합되어 거대한 구조를 이루는 우주의 한 단위이며, 쉽게 말해 별들의 집합체입니다. 은하는 하나당 수십억 개에서 많게는 수조 개의 별로 구성됩니다.

즉, 허블 딥 필드 사진에 보이는 저 작게 반짝이는 쌀알 같은 것들 하나하나가 '태양에서 해왕성까지를 뭉친 것'과 같은 항성계가 수천억 개 뭉쳐진 은하라는 것을 알게 되니 정신이 아득해집니다.

압도적인 강렬함, 뜨거움, 거대함 등으로 고대 인류 때부터 거역할 수 없는 절대신으로까지 추앙받았던 태양이 사실 '우리은하'라는 별들의 집합체의 변두리에 위치한 작은 별에 불과했던 것입니다(우주에는 수많은 은하가 있지만 그 중 우리 지구와 태양이 속한 은하를 '우리은하'라고 부릅니다).

지구에서 태양까지는 빛으로 8분 20초 정도 걸리는데, 사실 이것도 대단한 수치이긴 합니다. 저는 1광년의 거대한 스케일을 상상할 때 종종 프레젠테이션을 할 때 쓰는 레이저포인터를 떠올립니다. 아무리 큰 강의실의 끝에서 레이저를 쏴도 강의실 반대편에는 거의 동시에 레이저 자국

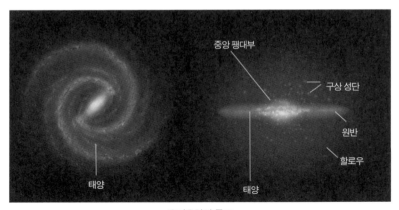

우리은하의 구조

인생조로

이 생긴다는 사실은 굳이 설명하기도 민망할 정도로 당연합니다. 하지만 내가 어떤 곳에 레이저를 쐈는데 1분이 지나도 빛이 도착도 안 했고 아직도 날아가고 있는 상태라면 얼마나 대단한 거리겠습니까.

하물며 우리은하는 지름이 무려 10만 광년쯤 됩니다. 만약 우리가 우주 곳곳을 관찰할 수 있는 마법의 특수망원경으로, 우리은하의 반대편에 있는 우리와 똑같이 진화해 온 인간이 살고 있는 행성을 발견한다 해도, 우리는 그 행성에서 현생인류와 비슷한 구석이라고는 하나도 없어 보이는 원시적인 제2의 호모 사피엔스만 관찰할 수 있을 것입니다. 그 행성에서 10만 년 전에 살던 호모 사피엔스에서 반사된 빛이 이제서야 우리의 특수망원경에 도착하기 때문이지요. 이렇듯 10만 광년이라는 수치는 머릿속에 상상하기조차 어려울 수준입니다.

그렇다면 이런 어마어마한 크기의 은하가 우주 전체에서 차지하는 지위는 어느 정도 될까요? 나름 소우주라고 불리기도 하는 인체에 비유해 보면 어느 정도가 될까요?

별 하나가 우주의 세포 하나쯤 될 것 같으니 은하는 아마 간, 심장, 위장 등의 큰 장기 정도의 지위를 차지하지 않을까요? 하지만 크리스토퍼 콘셀리스 교수팀의 연구(2016)에 따르면 우주 전체의 은하 개수는 약 2조 개에 달한다고 합니다. 태양 같은 별이 수천억 개 모여서 이뤄지는 그 거대한 은하라는 단위조차도 우주에서 차지하는 지위는, 인체에 비유하자면 고작 세포 하나에 더 가까운 셈입니다.

그렇다면 우주 전체의 크기는 대체 얼마나 될까요? 우주가 138억 년 전 빅뱅현상으로 탄생해서 빛의 속도로 팽창해 왔을 테니, 과거에는 우주의 크기가 138억 광년이라고 생각한 시절도 있었습니다. 하지만 현재 여러 과학적 사실을 통해 우주의 팽창속도는 빛의 속도보다 빠를 수 있다는 사실이 밝혀졌습니다. 아인슈타인은 특수상대성이론에서 물체가 빛의 속도보다 빨리 움직이는 것은 불가능하다고 했으며 이 주장은 현재까지도 물리학의 기본 원리로 받아들여지고 있습니다만, 흥미롭게도 과학적으로 공간 자체는 물체가 아니기 때문에 빛의 속도 원리에 구속받지 않고 빛보다 빠른 속도로 팽창할 수 있다고 합니다. 실제로 우주의 팽창속도는 빛보다 빠르기에 현재로서는 우주의 크기를 반경 465억 광년, 직경 930억 광년에 이른다고 보고 있습니다.

하지만 여기서 반드시 짚고 넘어가야 될 사실은, 이 거대한 930억 광년 직경의 우주조차 실제 우주 전체가 아닌 '관측 가능한 우주'만을 의미한다는 점입니다.

인간은 138억 년 전에 우주가 탄생한 이후 우리에게 도착한 빛의 정보를 해석해서 우주의 크기를 계산할 수밖에 없기 때문에, 우리가 알고 있는 우주의 크기는 결국 우리가 확인할 수 있는 범주의 크기일 뿐입니

관측 가능한 우주?

다. 따라서 인간은 우리가 관측할 수 없는 범주의 우주에 대해서는 절대 알 수 없습니다. 즉, 지금까지 우리가 집요하게 추적해 온 우주의 크기란 그저 지구를 중심으로 한 작은 구형의 영역에 불과합니다.

'관측 가능한 우주'를 우주 전체라고 단정짓는 것은 마치 칠흑같이 어두운 학교 운동장 한가운데에서 손전등을 들고 제자리에서 동서남북을 살짝 비춰보고는 이것이 운동장 전체라고 착각하는 것과 다를 바 없습니다. 때문에 많은 과학자들은 우리가 알고 있는 우주 외에 수많은 다른 우주가 존재한다는 다중우주의 개념을 주장하며, 다중우주는 무한히 많을 수 있다고 합니다. 지금까지 우리가 서서히 생각을 넓히며 계산해 왔던 거대한 우주조차 무한히 많은 다중우주 속의 먼지 한 톨에 불과할 수 있다는 뜻입니다.

지금까지는 인생의 미미함을 더욱 냉철하게 직시하기 위해 우주의 거대한 크기에 집중해 보았습니다만, 크기는 말할 필요도 없고 시간의 관점에서 보아도 인생은 너무도 짧고 사소할 따름입니다.

인간은 포유류 중에서도 코끼리와 더불어 50년 이상의 평균수명을 가진 몇 안 되는 장수종 중 하나이지만, 우주 전체로 보면 그저 아침 이슬처럼 잠깐 맺혔다가 사라지는 존재에 불과합니다.

우주를 바다에 비유하자면, 파도가 치면서 우연히 튀어 올랐다가 다시 파도에 흡수되어 사라지는 물 한 방울에 불과한 것이 인생입니다(굳이 차이가 있다면 실제 비율로 따지면 우주는 바다보다 훨씬 거대하고, 사람은 물방울보다도 훨씬 작고, 인생의 길이는 그 물방울이 잠시 뭉쳐 있던 순간보다도 더 짧다는 점이겠지요).

천문학자 칼 세이건은 138억 년에 달하는 우주의 역사를 1년 길이의 달력으로 압축한 '우주력'이라는 비유적 개념을 통해 인생의 순간성과 덧없음을 극적으로 표현했습니다. 이 가상의 달력에서는 1월 1일 0시에 빅뱅이 일어나 우주가 탄생하였고, 우리가 살고 있는 현재는 12월 31일 마지막 순간에 해당합니다. 이 1년의 우주력 속에서 펼쳐진 우주의 역사적 사건들을 살펴보면 다음과 같습니다.

- **1월 1일**: 빅뱅. 우주 탄생
- **9월 9일**: 태양계 탄생
- **9월 14일**: 지구 탄생
- **9월 25일**: 지구의 생명 출현
- **12월 31일 오후 10시 30분**: 최초의 인간 출현
- **12월 31일 오후 11시 59분 56초경**: 로마제국 탄생
- **12월 31일 오후 11시 59분 59초경**: 유럽의 르네상스 시대 개막
- **현재**

우주의 나이를 1년으로 압축한 이 타임라인을 보면, 고대인들이 영원과 지속의 상징으로 신으로까지 추앙하던 태양조차도 9월에야 등장한 신참에 불과합니다. 최초의 인간은 지금으로부터 1시간 30분 전에서야 나타났고, 그 유명한 로마제국이 탄생한 것은 지금으로부터 겨우 4초 전일 뿐입니다. 혼신의 힘을 다해 건강관리를 하여 100세까지 장수한다 해도 겨우 0.2초 정도를 살다 가는 것에 불과합니다.

칼 세이건은 서로 다투기만 하는 인류가 이 우주력을 통해 인간 존재

의 하찮음을 깨닫고 공존하기를 바랐습니다. 그 외에도 광활한 우주탐구를 생업으로 하는 수많은 천문학자들은 종종 비슷한 이야기를 합니다. 넓은 우주를 보지 않고, 먼지보다도 작고 좁은 지구에서 사소한 이유로 다투고 으르렁대는 사람들을 이해하기 어렵다는 식으로 말이지요.

거대한 우주를 체감하며 살아가는 사람들의 공통적인 깨달음에 고개가 끄덕여집니다. 동시에, 우주라는 개념에 대한 과학적 지식이 없었던 수천 년 전에 이미 비슷한 깨달음을 얻었던 노자와 장자의 직관과 통찰에 놀라움을 느끼게 되는 순간이기도 합니다.

무용지용

無用之用

쓸모없는 것이 참으로 쓸모 있다

장석이라는 목수가 제나라로 여행을 가던 중, 엄청나게 거대한 상수리나무를 지나치게 되었다. 그런데 이렇게 훌륭해 보이는 나무를 거들떠보지도 않고 지나가자, 제자들이 그 이유를 물었고 장석이 대답했다.

"저 나무는 아무짝에도 쓸모없이 그저 크기만 한 나무다. 배를 만들면 물에 가라앉고, 관을 만들면 금방 썩으며, 문짝을 만들면 진액이 흘러나오고, 기둥으로 쓰면 금방 좀이 먹는다. 쓸모가 없어서 저렇게 크게 자랄 수 있었던 것이다."

그날 밤, 장석의 꿈에 상수리나무가 나타나 말했다.

"너는 어찌 감히 나에게 그런 말을 하느냐? 열매를 맺는 나무들은 과일을 맺기 때문에 가지가 비틀리고 찢긴다. 이것들은 자기들의 타고난 재능 때문에 삶이 고통스럽고, 제 명대로 살지 못한다. 세상 사물들은 모두 유용해지려고 애쓰지만 나는 다르다. 나는 오랫동안 쓸모없어지기 위해 노력해 왔고, 덕분에 지금까지도 목숨을 잘 보존하고 있다. 만일 내가 쓸모 있었다면 벌써 오래전에 베어졌겠지. 너처럼 쓸모 있는 것이 되고자 자신의 생명을 깎아내는 자야말로 정말로 쓸모없는 인간이 아니더냐."

_장자, 『장자』 인간세

장자는 핵심사상 중 하나인 '무용지용'을 통해 역설의 대가다운 면모를 보이고 있습니다. 그는 국가나 사회에 쓸모가 있어야 행복할 것이라는 고정관념을 버리라고 말합니다. 체제에 쓸모 있는 사람이 되어 사방으로 기가 빨리며 본인의 삶이 피폐해지도록 놔두지 말고 철저하게 쓸모없는 사람이 되라고 말합니다. 정확히는 타인을 위한 쓸모가 아니라, 본인을 위한 쓸모를 철저하게 추구하라는 의미지요.

인간의 쓸모에 의해 희생당하는 것은 비단 인간만이 아닙니다. 세계자연기금(WWF)이 발표한 『지구생명보고서 2024』에 따르면, 지난 1970년부터 2020년까지 겨우 50년 만에 지구의 야생동물 개체군 규모는 평균 73%나 감소했습니다. 물론 이 통계는 인간의 직접적인 남획 외에 농경지 개발 등의 간접적인 영향도 포함하지만, 이런 간접적 영향을 배제하고서라도 인간에게 쓸모가 있다는 이유로 무분별하게 남획당해 멸종당한 동물은 셀 수 없이 많습니다.

고래를 제외하고 가장 큰 포유류라 알려진 스텔라바다소는 그 고기가 굉장히 맛있다고 전해지며 멸종되었고, 갈기가 배까지 이어진 우람한 자태를 자랑하던 바버리사자는 갈기가 멋지다는 이유로 사냥을 당해 멸종되었고, 푸른빛의 희귀한 털을 가진 파란영양은 모피의 수요를 충족시키기 위해 멸종되었습니다. 천적이 될 만한 생물이 사실상 없는 향유고래는 질 좋은 고래 기름과 귀한 향수의 원료가 된다는 이유로 거의 멸종위기까지 간 상태입니다.

물론 인간에게 쓸모 있는 동물이라 해서 무조건 죽임을 당하는 것은 아닙니다. 인간은 농업, 운송, 이동, 털 등 수많은 이유로 야생동물의 사육을 시도해 왔기에 가축으로 개량되어 안정적인 생존과 번식에 성공한 동물종들도 있습니다.

하지만 아무 야생동물이나 일단 잡아서 집에서 기른다고 가축이 되는 것은 절대 아니며, 동물종이 가축화에 성공하려면 매우 까다로운 조건들을 통과해야 합니다. 학계에서 제시된 가축화에 필요한 조건들을 몇 가지 살펴보면 다음과 같습니다.

- **질병 저항력**: 가축 환경에서 발생하기 쉬운 질병에 높은 저항성을 가져야 함.

- **온순함**: 난폭하지 않아야 함.

- **복종성**: 명령에 순응하려는 성향이 강해야 함.

- **식성**: 인간이 쉽게 구할 수 있는 식량을 잘 먹고, 적은 먹이로도 잘 자라야 함.

- **적응력**: 새로운 환경에서 스트레스를 덜 받아야 함.

- **번식성**: 짧은 시간에 번식을 반복해야 함. 감금 상태에서도 번식행위를 해야 함.

- **성장속도**: 성체가 되기까지의 시간이 짧아야 함.

그렇다면 이런 까다로운 관문들을 통과하여 가축화에 성공한 종은 얼마나 될까요? 역사학, 생물학 등 다양한 분야의 연구를 종합해 보면, (제한적 용도로만 활용되는 소형 동물들을 제외한) 45kg 이상의 대형 동물 중 가축화에 성공한 종은 20세기 전까지 단 14종에 불과했습니다. 그리고 가축화가 될 만한 종은 이미 대부분 가축화되었기 때문에, 21세기에 들어서도 새로운 대형 동물의 가축화는 거의 이루어지지 않았습니다. 하지만 여러 관문을 통과하여 일단 가축화에 성공한 종들은 인간의 힘을 등에 업고 광범위한 생존과 번창에 성공합니다. 실제로 오늘날 세계에는 무려 약 10억 마리의 양, 돼지, 소 및 약 250억 마리의 닭이 세계 곳곳에 퍼져 있습니다.

하지만 이러한 가축들은 생존 자체에는 성공했으나 생존하는 내내 끔찍한 나날을 견뎌야만 합니다. 2019년 미국의 비영리연구기관인

공장식 축산으로 사육되는 닭

SI(Sentience Institute)의 연구에 따르면 전 세계 농장 동물의 90% 이상이 공장식 축산으로 사육되고 있습니다. 공장식 축산이란 동물을 좁은 공간에 고밀도로 밀집시켜 사육하는 산업형 축산방식을 말하는데, 동물 학대적인 면에서 수많은 환경단체가 이에 반대를 합니다. 단순히 개체수만 따지면 지구상의 동물 중에서 종족번식과 세력 확장에 가장 성공했다 볼 수 있는 닭의 삶만 봐도 그 처참함을 느낄 수 있습니다.

환경운동연합 등의 단체들이 공장식 축산 환경을 조사한 자료에 따르면, 닭들은 평생을 비좁은 케이지 안에서 다닥다닥 붙어 지내며 한 마리당 생활공간은 A4용지보다 작을 정도입니다. 좁은 환경에서 날개조차 펼수 없다 보니 공격성이 증가하고 자해행위가 흔히 발생하는데, 농장주들은 이를 방지하기 위해 마취도 없이 부리를 절단합니다. 짧은 시간에 몸집을 비정상적으로 키우기 위해 장시간 인공조명을 비추며 계속해서 먹이를 욱여넣게 되고, 이로 인해 닭들은 호흡곤란, 발달장애, 다리기형 등의 문제를 겪습니다. 달걀을 얻기 위해 사육되는 산란계는 평생 알만 낳는 기계처럼 취급되며, 알을 낳을 때 칼슘이 대량으로 소모되기 때문에 만성적인 뼈 질환에 시달립니다. 수컷 병아리의 경우에는 알을 낳지 못한다는 이유로 산 채로 그라인더에 갈려 동물성 사료가 되기도 합니다.

물론 현재 인류의 육류 소비량을 충족하려면 공장식 축산은 불가피할수도 있지만, 필요성에 대한 찬반 여부를 떠나 상당수의 가축종들이 본성에 맞지 않는 참담한 삶을 살고 있는 것은 부정할 수 없는 사실입니다. 따라서 야생동물의 입장에서 본성에 맞게 천수를 누리는 비결은 포획도 피하고 가축화도 피하는 것입니다. 그렇다면 어떻게 해야 할까요?

일차원적으로 생각했을 때는 일단 압도적으로 힘을 키워 자기방어 능력을 극대화해야 할 것으로 보이며, 그에 가장 완벽한 조건을 갖춘 종은 코끼리입니다.

흔히 백수의 왕이라 하면 사자나 호랑이를 떠올립니다. 하지만 영화 〈라이온 킹〉, 고사성어 '산중호걸'에서 비롯된 이미지와는 다르게 그들은 하마, 코뿔소 등 동물계의 헤비급 선수들 앞에서 전혀 맥을 추지 못합니다. 사자, 호랑이의 이빨로는 하마, 코뿔소의 가죽조차 뚫기 어렵기 때문입니다. 그런데 이런 헤비급 선수들조차 한수 접고 도망가는 슈퍼헤비급 선수가 있으니 바로 코끼리입니다. 즉, 순수무력만 따지면 진정한 백수의 왕은 코끼리이지요. 수천 kg에 달하는 차원이 다른 체급과 힘, 3~4세 어린이에 버금가는 높은 지능, 60~70세의 긴 수명 등의 압도적 신체조건은 코끼리를 야생에서 사실상 적수가 없는 존재로 만들었습니다. 과거에는 육상동물계의 절대적인 1인자였으며, 현재에도 무장한 인간만 제외하면 2인자라는 최상급 지위를 가지고 있으니 얼마든지 천수를 누릴 조건을 갖춘 것으로 보입니다. 그런데 아이러니하게도 코끼리는 자신의 강력한 이빨이자 무기인 상아로 인해 멸종위기까지 가게 됩니다.

원래 코끼리는 상아가 있는 개체가 없는 개체보다 생존에 훨씬 유리합니다. 적을 공격하거나 자기들끼리 싸우거나 땅을 파거나 할 때, 창같이 든든한 상아를 보유한 개체가 당연히 우위를 점할 수 있기 때문입니다. 그런데 하필이면 이 상아가 인간이 보기에 너무나도 매력적인 장점들을 지닌 바람에 코끼리의 비극이 시작되었습니다. 상아는 깔끔하고 고급

스러운 색감과 가공이 매우 쉬운 물성 덕분에 귀중한 공예품뿐 아니라 피아노 건반, 당구공 등 수많은 종류의 물건을 만드는 데 쓰였습니다. 결국 제아무리 육상동물계의 최강자 코끼리라도 문명의 무기로 무장한 수많은 사냥꾼들 앞에서는 속수무책이었고, 그 결과 멸종위기에까지 몰리고 말았습니다.

1989년 국제적으로 코끼리 상아 거래가 금지되었음에도 불구하고, 이후에도 여전히 코끼리 밀렵으로 인해 수많은 코끼리가 죽었습니다. 화학기술이 발달한 현대에도 상아의 아름다움과 품질을 능가하는 완벽한 대체재가 나오지 못해 그 수요가 암암리에 계속 있었기 때문입니다. 인간의 밀렵이 얼마나 가혹했던지 코끼리의 진화 방향까지 바꿔버렸을 정도입니다. 코끼리가 야생에서 살아남으려면 당연히 창과 같은 이빨인 상아가 있는 것이 절대적으로 유리하며, 실제로도 상당수의 코끼리가 상아를 가지고 있습니다. 하지만 미국 프린스턴대학의 연구진이 국제학술지 『사이언스』에 발표한 연구(2021)에 따르면, 원래 아프리카의 모잠비크 고롱고사 국립공원에서는 암컷 코끼리 중 상아가 없는 개체의 비율은 18.5%에 불과했으나, 모잠비크 내전(1977~1992년) 이후에는 50.9%로 급증했습니다. 연구진은 상아 밀렵을 주된 원인으로 보았습니다. 내전기간 동안 무장세력들이 자금 조달을 위해 코끼리 사냥을 하면서 전체 코끼리의 수는 90% 이상 급감했습니다. 특히 고가에 거래되는 상아를 가진 코끼리가 집중적으로 사냥되면서 상아가 없는 코끼리가 오히려 생존에 유리해졌고, 이러한 유전적 특성이 자손에게 전달되며 상아 없는 코끼리의 비율이 급증했다고 연구진은 설명했습니다.

결국 코끼리와 같이 자신의 힘을 극한으로 키워 세상에 맞서려고 하는 시도는 더 큰 힘에 의해 지배당하는 상황을 막지 못했습니다. 이러한 현실은 장자가 말한 무용지용의 철학적 가르침이 더욱 중요하게 다가오는 이유이기도 합니다.

만약 장자가 야생동물로 환생해야 한다면 어떤 동물로 태어나고 싶어 했을까요? 지극히 개인적인 상상이지만 아마 강력한 후보군 중 하나가 얼룩말이 아닐까 싶습니다.

얼룩말은 가축화가 어려운 대표적인 동물입니다. 속된 말로 지랄 맞다고 표현할 정도로 성질이 난폭하고 공격적이라 동물원에서도 많은 사육사가 부상을 당합니다. 위계질서가 없어 사람의 지시를 따르지 않으며, 포획 상태에서는 번식을 꺼리는 성향이 있습니다. 새로운 환경에 대한 적응력도 떨어지고 지구력이 부족해서 운송·이동수단으로도 부적합합니다. 얼룩말의 고기는 맛이 나쁘고 누린내가 심해 아프리카 토착민조차 잘

고도의 지략가 얼룩말

먹지 않으려 합니다. 개성이 강해 수요가 많을 법한 얼룩말의 가죽은 조금만 관리에 소홀하면 썩은 냄새가 진동합니다.

하다못해 가축화가 아니더라도, 인류는 역사적으로 전쟁의 승리를 위해서라면 원숭이, 코끼리, 개, 비둘기, 돌고래 등 온갖 동물을 가차 없이 부려먹었는데, 얼룩말은 오죽 도움이 안 되었으면 이러한 징집에서도 제외되었을 정도입니다. 이쯤 되면 전략적으로 인간을 진절머리 나게 하는 고도의 지략가가 아닐까 싶을 정도입니다.

이처럼 얼룩말은 다방면으로 철저히 쓸모없게 살아왔기에 인간의 관심에서 벗어날 수 있었고, 덕분에 자연 속에서 본성을 지키는 삶을 유지할 수 있었습니다. 그야말로 장자가 강조한 무용지용(無用之用)의 진수를 몸소 한수 가르쳐 주는 신령한 동물이 아닐 수 없습니다.

물론 장자 역시도 단순한 철학적 주장에 그치지 않고, 평생 동안 무용지용의 신념을 굳건히 지켜나갔습니다. 장자에 대해 잘 모르는 사람은 그를 부족한 능력을 합리화하며 정신 승리나 하는 낙오자로 오해할 수도 있습니다. 하지만 장자는 여러 나라의 왕으로부터 높은 관직을 제안받을 정도로 능력이 출중한 인물이었습니다.

심지어 초나라의 왕은 장자에게 사신을 보내 (현대의 국무총리에 비견될 만한) 재상이 되어달라고까지 청했습니다. 이때 낚시를 하고 있던 장자는 뒤도 안 돌아본 채 뜬금없이 거북 이야기를 꺼냅니다.

"초나라에는 3,000년 된 영험한 거북 등껍데기가 있다고 들었소. 그 거북 등껍데기로 점을 치면 백발백중이기에, 왕께서는 이를 비단에 감싸고 귀한 함에 보관하며 정성껏 제사까지 드린다지요. 그렇다면 내 하나 물어봅시다. 그 거북은 죽어서 귀한 대접을 받기를 바랄까요? 아니면 진흙탕 속에서라도 살아 있기를 바랄까요?"

그러자 사신이 대답했습니다.

"그야 당연히 살아 있기를 바라겠지요."

이에 대한 장자의 마지막 대답에 담긴 자유에 대한 강렬한 열망은 현대인의 귓가까지 전해지며 진한 울림을 남깁니다.

"돌아가서 당신네 왕께 전하시오. 나는 진흙탕 속에서 꼬리를 끌고 기어다니며 자유롭게 살겠노라고."

학구소붕

鷽鳩笑鵬

조그만 비둘기가 큰 붕새를 비웃는다

못난 선비는 도道에 대한 이야기를 들으면 크게 비웃는다.
못난 선비가 듣고 비웃지 않는다면, 그것은 도道가 아니라고 봐도 좋다.

도道를 체득해 그 진리를 깨달은 사람은 오히려 어리석어 보이기 마련이다.
도道에 가까이 다다른 사람은 오히려 도道와 무관한 삶을 사는 듯이 보인다.
도道를 따라 자연스럽게 사는 이는 오히려 어려운 방식을 택한 것처럼 보인다.
강한 덕을 지닌 자는 오히려 약한 사람처럼 보인다.

_노자, 『도덕경』 41장

장자는 생생한 비유와 우화를 통한 스토리텔링을 자주 구사합니다. 그는 자신의 책에서 붕새라는 전설의 새에 대한 이야기를 한바탕 풀어내기도 했습니다.

붕새 이야기

북쪽 끝의 명해라는 컴컴한 바다에는 너비가 수천 리나 되고 길이는 얼마나 긴지 알 수도 없는 '곤'이라는 거대한 물고기가 산다. 또 그곳에는 '붕새'라는 새도 사는데 등은 태산 같고, 날개는 하늘의 구름 같아 보일 정도로 거대하다. 붕새는 회오리바람을 타고 9만 리 상공까지 올라가 푸른 하늘을 업고서 남명이라는 컴컴한 바다로 날아간다.

참새는 굳이 편한 곳을 벗어나 하늘로 날아오르려는 붕새의 행동을 이해할 수 없었기에 비웃으며 말했다.

"정말 부질없고 어리석은 바보짓을 하는군. 나는 이렇게 풀밭과 숲속에서만 노닐어도 충분한데 붕새는 뭣하러 저렇게 힘들게 멀리 날아가려는지 모르겠어."

장자는 자신을 둘러싼 명성, 공적 및 재산 등이 세상 전부인 줄 알고 그것을 떨치지 못하는 참새가 어찌 붕새의 큰 뜻을 알 수 있겠냐고 반문합니다.

누구나 한 번쯤은 큰 인물이 되어 큰일을 이루기를 꿈꾸지만, 과연 무엇이 '큰일'이며 어떻게 사는 것이 진정한 '큰 인물'일까요? 전 세계적으로 유명해지는 것? 혹은 거대한 나라를 지배하는 통수권자가 되는 것? 하지만 장자가 생각하는 큰 인물에 대한 정의는 통념과는 완전히 다릅니다. 그의 사상에 따르면 최고의 큰일은 도道를 깨닫고 참자유에 도달하는 것이며, 큰 인물이란 바로 이 참자유의 경지에 이른 사람입니다.

장자는 우주 전체에 비하면 인간은 물론이고, 국가조차도 마치 달팽이 뿔 위의 작은 공간에 불과하다고 보았습니다. 사람들은 큰 인물이 되기 위해 스스로를 혹사시키고 돈을 벌고 명성을 쌓으려 애쓰지만, 장자는 그러한 노력은 결국 고작 달팽이 뿔 위에서 조금 더 넓은 자리를 차지하겠다고 아등바등하는 것에 불과하다고 말합니다. 사회와 국가와 세계가 원하는 인재상이 되어야 한다는 속박에 매여 철저히 타인의 쓸모를 위한 도구로 전락하며, 스스로의 자유와 생기를 깎아먹는 사람은 풀밭을 벗어나지 못하는 참새와 같은 작은 인물에 불과하다는 것입니다.

장자는 명예와 공적에 집착하지 않고, 천지자연에 몸을 맡기고 만물의 기운에 따라 무궁한 세상을 여유롭게 노니는 사람이야말로 어떤 것에

도 사로잡히지 않는 진정한 참자유인이고, 이것이 큰 인물이라고 하였습니다.

자본주의 사회에서는 많은 사람에게 영향을 미칠수록, 중요도와 규모가 클수록 더 많은 부를 축적할 가능성이 높아집니다. 미디어를 통해 유명 연예인들의 재력과 영향력을 직간접적으로 보고 듣는 요즘 현대인들은 충분히 공감할 이야기이지요. 자본주의 사회에서 형성된 유명 연예인 중심의 소비문화는 대기업의 경제에 깊이 기여를 하고 있습니다. 대기업들

자본주의 사회의 큰 인물?

은 마케팅, 브랜딩, 팬덤 구축 등 다양한 측면에서 유명 연예인들에게 크게 의존하고 있으며 이로 인해 연예인의 사회적 지위는 상승하고 연예계 진출경쟁 역시 그 어느 때보다 치열해졌습니다. 인기를 바탕으로 구축된 이른바 '스타 권력'을 손에 쥔 유명 연예인들은 문화, 경제, 이념 등 사회 전반에 걸쳐 막대한 영향력을 행사합니다. 그야말로 요즘과 같은 자본주의 시대에서는 큰물에서 노는 큰 인물의 대표적인 표본으로 보일 수도 있습니다.

하지만 반대로 생각해 보면, 연예인은 자본주의의 요구를 가장 충실히 충족해야 하는 막대한 의무를 지닌 '최전방 병사'에 가깝다고 볼 수 있습니다. 실제로 많은 연예인들이 공황장애·우울증 등의 정신질환을 앓는 와중에도, 심지어 가족의 상을 당한 와중에도 촬영을 강행해야 하는 상황을 겪곤 합니다. 일거수일투족이 마치 CCTV로 생중계되는 듯한 압박감

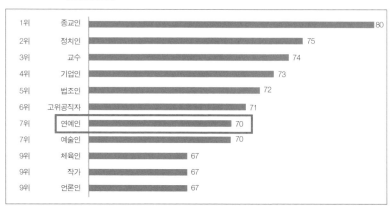

직업별 평균수명(1963~2010)

순위	직업	평균수명
1위	종교인	80
2위	정치인	75
3위	교수	74
4위	기업인	73
5위	법조인	72
6위	고위공직자	71
7위	연예인	70
7위	예술인	70
9위	체육인	67
9위	작가	67
9위	언론인	67

출처: 원광대 보건복지학부

학구소봉

직업별 평균수명 [2001~2010]

순위	직업	수명
1위	종교인	82
2위	교수	79
2위	정치인	79
4위	법조인	78
5위	기업인	77
6위	고위공직자	74
6위	예술인	74
6위	작가	74
9위	언론인	72
10위	체육인	69
11위	연예인	65

출처: 원광대 보건복지학부

속에서 살아가며 극심한 삶의 무게와 스트레스를 호소하는 연예인들의 일화는 어렵지 않게 접할 수 있습니다.

원광대학교 보건복지학부 김종인 교수는 언론 부음기사와 통계청의 사망통계자료 등을 조사하여 국내 11개 직업군의 평균수명을 비교 분석한 연구를 발표했습니다.

앞쪽의 '직업별 평균수명' 그래프는 표본기간을 1963년부터 2010년, 위쪽의 '직업별 평균수명' 그래프는 2001년부터 2010년까지로 잡은 것입니다. 얼핏 보면 그저 시대가 변하면서 평균수명과 순위가 달라진 것 말고는 특별할 것이 없어 보입니다. 하지만 연예인 그룹에 주목해 보면 의미심장한 결과가 도출됩니다. 연예인은 단순히 순위만 최하위로 하락한 것이 아니라 평균수명도 70세에서 65세로, 5년이나 감소한 것입니다(반면 나머지 모든 그룹은 평균수명이 증가했습니다).

1963년과 비교했을 때 2001년의 우리나라는 의료·경제·생활 등 모든 분야에서 큰 진보를 이루며 국민 평균수명이 10~20년 이상 대폭 증가했습니다. 이를 감안하면 연예인의 평균수명 감소현상은 시대의 흐름에 역행하는 상당히 충격적인 결과입니다.

심지어 이러한 경향은 해외 연구에서도 확인되는데, 호주 시드니대학의 다이애나 케니 교수가 1950년부터 2014년 사이에 사망한 대중 뮤지션 1만 3,195명을 조사한 결과, 대중 뮤지션들은 일반인에 비해 사망률이 2배나 높았습니다.

사회가 발전하며 매스미디어와 소셜미디어 또한 빠르게 발전했고, 이에 따라 연예인들은 일반 대중의 시선에서 자유롭기 어려워졌습니다. 연예인들은 24시간을 주목받으며 사생활 침해, 악성 댓글, 루머 등으로 인한 심리적 압박에 시달리고 있으며, 미디어를 통해 즉각적인 평가와 피드백을 지속적으로 받게 되면서 극심한 스트레스, 우울증, 불안장애 등의 정신적 문제를 겪을 수 있습니다.

물론 인간의 수명은 다양한 내부와 외부 요인이 복합적으로 작용하는 결과이므로 단일 요인만으로 설명하긴 어렵습니다. 그러나 여러 연구가 보여주듯, 유독 연예인들의 평균수명만 짧아진 이유에는 급속도로 발달한 미디어 환경이 큰 원인으로 작용했을 가능성을 무시할 수 없습니다.

학구소붕

김종인 교수는 연예인들의 출세에 대한 스트레스가 증가하고 이른 나이의 성공 때문에 정상적인 생활 및 자기 절제가 어려워지는 점 등이 수명단축의 원인으로 보인다고 분석했습니다. 반면, 종교인은 규칙적인 생활과 정신 수양을 하고 가족관계에서의 스트레스가 적으며 금연·금주·절식 습관과 환경이 깨끗한 지역에서 생활하는 점 등이 장수의 비결일 것이라고 분석했습니다.

물론 평균수명과 행복도가 완벽히 비례한다고는 할 수는 없지만, 둘 사이에 상당한 연관성이 있다는 연구는 수없이 많습니다. 이는 김 교수가 언급한 종교인의 장수 비결인 단조롭고 규칙적인 생활이 오히려 우리 몸에 깊은 행복감을 줄 수 있다는 의미로 해석될 수 있습니다.

다른 사람들이 그 삶을 지루하다 여기든지 부러워하든지 상관없이, 자신이 느끼는 행복감이야말로 세상에서 가장 크고 위대한 일 아닐까요?

물론 유명해지고 대중의 찬사와 비판을 자연스럽게 받아들이며 끼를 발산하는 것이 본성적으로 잘 맞는 사람도 있습니다. 장자 역시 본성과 부합하는 삶은 적극 권장하였기에 이런 경우는 아무런 문제가 되지 않습니다.

하지만 그 화려함의 이면에 깔린 고충을 충분히 고려하지 않은 채, 단지 남들이 좋아한다 하여 무작정 자신을 남의 쓸모를 위한 수단으로 전락시키는 것은 참새의 삶과 다르지 않음을 장자는 강조하는 것입니다.

상리공생

相利共生

생명은 서로 이익을 주고받으며 살아간다

지구의 이질적인 존재들은 우리의 친척이자 조상이며 우리의 일부다.

그들은 우리의 물질을 순환시키고 우리에게 물과 양분을 제공한다.

남이 없다면 우리는 생존할 수 없다.

우리는 살아 있는 생명체와 공생하고, 상호작용하며, 상호의존하던 과거와 연결된다.

_린 마굴리스,『공생자 행성』

흥미로운 스토리로 호평을 받은 영화 〈인터스텔라〉는 사실 과학적으로는 몇 가지 중대한 오류가 있으며, 이정모 전 국립과천과학관장은 그 중 생태학적 오류를 지적했습니다.

영화 속에서 지구는 극심한 사막화와 기후 변화로 인해 농작물을 거의 재배할 수 없는 상태에 이르렀고, 인류는 생존의 위협에 직면하게 됩니다. 이에 따라 사람들은 5,000개의 인간 수정란을 싣고 인류가 거주할 수 있는 새로운 행성을 찾아 먼 우주로 떠나게 되지요. 그러나 설령 이상적인 외계 행성을 발견하여 인간 수정란을 성공적으로 부화시킨다 해도, 과연 그곳에서 인류가 제대로 정착하고 생존할 수 있을까요?

과학적으로 보면 불가능합니다. 인류는 지구의 복잡하게 얽히고설킨 먹이사슬 속 아주 작은 부분을 차지하고 있을 뿐이며, 생존을 위해서는 수천만 종의 미생물, 식물, 동물 등과의 상호작용이 필수이기 때문입니다. 이들 생명체와의 공생 없이 인류 단독으로 생존하는 것은 불가능합니다. 즉, 인간이 주변 생태계를 보호하고 사랑해야 하는 이유는 절대 자연이 인간이 보살펴 줘야 할 열등하고 불쌍한 존재라서가 아닙니다. 자연보호를 노블레스 오블리주 차원이라고 여기는 것은 단단한 착각에 불과하지요. 자연보호는 단순한 도덕적 책임을 넘어서, 인류의 생존과 직결된 필수적인 조건입니다.

누군가에게 "앞으로 24시간 동안 무조건 생존하며 버텨라."라는 미션이 주어진다면 지금 떠오르는 가장 중요한 것은 무엇일까요. 음식? 물? 물론 그런 것들이 없으면 매우 힘들겠지만 적어도 24시간은 어찌저찌 버틸 수 있습니다. 하지만 산소가 없다면? 1분도 버티기 힘듭니다. 일반적으로 산소 농도가 18% 미만이면 두통이 생기며, 15% 미만이면 현기증이 일어나며, 12% 미만이면 의식을 잃고, 7% 미만이면 사망합니다. 다행히 현재 대기 중에는 약 21%의 산소 농도가 유지되고 있기에 우리는 숨을 쉬고 생존할 수 있는 것입니다.

이 세상의 인간을 포함한 수많은 동물들은 끊임없이 호흡을 합니다. 호흡이란 구체적으로 따지면 아주 복잡한 화학작용이지만, 기체만 고려

해서 아주 단순화한다면 산소를 들이마시고 이산화탄소를 내뿜는 과정이라 할 수 있습니다.

하지만 이런 의문을 가져본 적은 없으신가요? 인간을 포함한 수많은 동물들이 매일 엄청난 양의 산소를 소진하는데도 불구하고 어떻게 대기 중의 산소 농도는 꾸준히 21%를 유지하고 있을까 하는 생각 말이지요.

그 비밀은 바로 식물에 있습니다. 식물은 광합성이라는 작용을 통해 대기 중의 이산화탄소와 햇빛을 흡수하여 탄수화물을 합성한 후 노폐물인 산소를 배출합니다. 즉, 광합성은 호흡과는 정반대로 이산화탄소를 들이마시고 산소를 내뿜는 과정입니다.

18세기 무렵만 해도 사람들은 신선한 공기가 없는 밀폐된 공간에서는

호흡과 광합성

동물이나 식물은 오래 생존할 수 없다고 생각했습니다. 하지만 영국의 과학자 프리스틀리는 밀폐된 유리병에 쥐와 식물을 따로 넣었을 때는 각각 다 죽지만, 쥐와 식물을 같이 넣으니 둘 다 생존하는 현상을 발견했습니다. 이를 통해 그는 광합성과 산소의 존재를 짐작하게 되었지요. 이는 현대인이 봐도 정말 절묘한 조화일 수밖에 없는데 그 옛날에는 오죽했을까요. 당시 프리스틀리는 이 현상을 보고 "역시 신은 우리를 죽게 내버려두지 않는다."며 감탄했다고 합니다.

이러한 절묘한 조화는 동물만 일방적으로 수혜를 입는 것이 아니라 동식물이 서로서로를 돕는 상호작용의 결과입니다. 동물이 뱉어내는 이산화탄소를 식물은 영양소로 사용하여 탄수화물을 합성하고 그 폐기물로 산소를 뱉어냅니다. 또한 동물은 식물의 폐기물인 산소를 들이마셔 음식물과 결합해 에너지를 뽑아냅니다. 이러한 동식물의 기가 막힌 조화는 지구 생태계의 중요한 기본요소입니다.

이 조화의 정교함을 따져보면 더욱 놀라게 됩니다. 일부 연구에 따르면 현재 대기권의 산소 농도인 21%는 생물체의 생존을 가능케 하는 안전 농도의 상한선입니다.

산소는 생명 유지에 필수적인 기체이지만, 매우 반응성이 높아 연소가 잘 일어나는 특성을 가지고 있습니다. 쉽게 말하면 불이 잘 타도록 돕

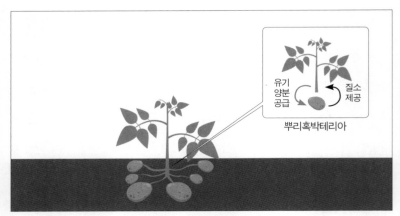

유기
양분
공급

질소
제공

뿌리혹박테리아

콩과식물과 박테리아의 공생

는 기체라는 뜻이지요. 일부 연구에 따르면 대기권의 산소 농도가 1%씩 증가될 때마다 번갯불에 의한 삼림 화재 발생가능성은 70%나 증가한다고 합니다. 반대로 산소 농도가 줄어들면, 산소가 희박한 고산지대에서의 활동이 힘들듯 생명체의 활동성이 현저히 감소하게 됩니다. 즉, 현재의 산소 농도는 리스크와 리턴이 매우 절묘하게 균형을 이루는 수준이라 할 수 있습니다. 지구는 동물과 식물의 상호작용을 통해 21%라는 절묘한 산소 농도를 유지해 왔으며, 이 기막힌 균형은 단순한 우연이 아닌 생명체의 공생으로 이루어진 결과입니다.

공생의 오묘함은 눈에 보이는 식물 같은 큰 세계에 그치지 않습니다. 우리 몸의 필수 영양소인 단백질 역시 경이로운 공생의 결과물입니다.

단백질은 생명체의 조직과 골격 등을 구성하는 없어서는 안 될 필수

영양소로, 이를 합성하기 위한 필수 원료는 질소원자(N)입니다. 다행히 질소 자체는 공기 중에 널리고 널려 있습니다. 대기 중의 약 78%가 질소인지라 산소보다도 훨씬 흔하디흔하며, 어찌 보면 지구의 대기권 자체가 거대한 질소의 저장고라 할 수 있지요.

다만 문제는 대기 중의 질소는 대부분 질소원자(N)가 아니라 질소원자 2개가 결합한 질소분자(N_2) 상태로 존재한다는 점입니다. 질소원자 2개 사이의 결합은 너무나 강력하고 안정화되어 있어 생명체는 이러한 질소분자를 아무리 들이마신들 제대로 활용할 수가 없습니다. 가끔 번개가 치면서 질소분자의 강력한 결합이 깨지며 생명체가 이용할 수 있는 질소원자로 쪼개질 때도 있지만, 이 정도로는 지구상의 수많은 생명체를 유지하기에 턱없이 부족한 수준입니다.

천만다행히도 콩과식물의 뿌리에 서식하는 박테리아들은 이러한 질소분자를 쪼갤 수 있는 특수한 능력을 가지고 있습니다. 이 덕분에 질소분자는 식물이 이용할 수 있는 다양한 질소화합물로 변환되고, 식물은 변환된 질소화합물을 활용해서 단백질을 합성합니다. 즉, 우리는 식물뿐만 아니라 눈에 보이지도, 평생 만날 일도 없을 것 같은 땅속의 박테리아에게도 크나큰 빚을 지고 있는 셈이지요.

우리가 쉽게 인지하지 못할 뿐이지, 실은 우리의 육체 역시 이미 공생의 산물입니다. 우리 몸에 살고 있는 각종 미생물 수는 약 39조 개로, 인체세포 수인 약 30조 개보다 많으며, 미생물의 무게만 해도 약 1~2kg으로 추산됩니다.

미생물이라고 하면 세균, 바이러스, 기생충 등을 떠올리며 몸에서 박멸하고 싶은 욕구가 치밀어 오르는 사람들도 있겠지만, 우리 몸에 살고 있는 미생물 상당수는 이른바 착하고 유익한 미생물입니다.

건강한 성인의 장 속에는 유익균이 85%, 유해균이 15% 정도 비율로 존재합니다. 이런 장 속의 유익균은 소화효소 생성, 영양소 흡수 보조, 면역체계 강화, 염증 억제, 병원균 성장 억제 등 우리의 건강을 위해 없어서는 안 될 인체 방위군의 역할을 수행합니다.

우리가 나쁜 세균을 죽이려고 항생제를 먹었는데 설사 등의 부작용으로 고생하는 이유도 바로 이 때문입니다. 장 속에서 상당비율을 차지하는 유익균까지 몽땅 죽어버리니 오히려 병원균이 활개 치기 쉬운 환경이 되어버려 설사, 소화불량 등이 발생하는 것이지요. 우리는 우리 몸의 미생물들을 오히려 감사히 포용하고 보살펴야 합니다.

과학적으로 봤을 때 이 세상 만물은 서로 공생하지 않으면 생존할 수 없습니다. 생명체는 열역학 제2법칙에 따라 에너지와 폐기물을 외부로 배출하지 않으면 그 기능을 유지할 수 없습니다. 따라서 모든 생명체는 양분을 섭취한 후 폐기물을 배설하며, 폐기물은 말 그대로 자신의 체내에서 불필요해서 배설된 것이므로 자신의 폐기물을 먹거나 들이마시면서 살 수 있는 존재는 없습니다.

어떤 종이든 무한정 번식하다가는 세상이 자신의 폐기물로 뒤덮여 팽창을 멈춰야만 하는 순간이 오기 때문에 자신의 폐기물을 양분으로 삼는 다른 생명체들이 무조건 필요합니다. 동물의 입장에서는 자신들의 호흡 폐기물인 이산화탄소를 섭취하고, 반대로 산소라는 폐기물을 배출하는 식물이 없어서는 안 되는 이유입니다. 또한 동물의 배설물을 섭취하고 반대로 무기물(식물의 양분이 됨)이라는 폐기물을 배출하는 세균과 구더기가 없으면 안 되는 이유입니다.

자연을 적자생존의 전쟁터로 보는 관점도 있지만, 이는 생태계의 한 단면만을 부각한 것입니다. 세계적인 베스트셀러 『이기적 유전자』는 제목에서부터 생태계를 투쟁적인 이미지로 묘사했지만, 정작 저자인 리처드 도킨스는 40주년 기념판의 에필로그에서 이 책의 제목을 '협력적 유전자'라고 바꿔도 전혀 이상할 것은 없다고 말했습니다. 그는 생물들이 비록

상리공생

자신의 이기적인 목적으로 움직인다고 해도, 분명 결과적으로는 서로 협력하는 방향으로 진화해 왔음을 강조합니다.

이기적 유전자와는 대조적인 어감을 주는 공생진화론을 통해 진화이론에 새로운 패러다임을 제시한 생물학자 린 마굴리스는 지구를 '공생자 행성'이라고 부르며, 세상 만물이 얼마나 치밀하게 상호작용하며 서로 돕고 의존하는지를 설명했습니다.

실제 모든 생물은 물질, 에너지, 정보 등을 교환하며 서로의 생존을 돕는 공동체입니다. 인간이 스스로 아무리 만물의 영장이라 자부하더라도, 실제로는 다른 생물들이 오랫동안 가꿔놓은 환경에 뒤늦게 합류한 신참에 불과하지요. 지구상의 모든 생명체는 우리가 알지 못하는 방식으로 긴밀히 협력하고 의존하고 있으며, 이러한 상리공생은 선택이 아닌 생존을 위한 필수조건입니다.

노마지지

老馬之智

하찮아 보이는 것에도 나름의 특기가 있다

중국 춘추시대, 관중과 습붕은 정벌 전쟁을 나섰다가 험난한 산속에서 길을 잃었다.
군사들이 혼란에 빠졌지만, 관중은 늙은 말을 앞세워 길을 찾기로 했고
그 뒤를 따르자 큰길이 나타났다.

얼마 후 산속을 지나다가 식수가 떨어지게 되었다.
군사들이 다시 혼란에 빠졌지만, 습붕은 군사들에게 개미집을 찾게 했고
그 아래를 파보니 샘물이 솟아올랐다.

_한비자, 『한비자』 설림

한비자는 "관중과 습붕은 자신들이 모르는 것을 늙은 말과 개미를 스승으로 삼아 배웠으나 그것을 수치로 여기지 않았다."고 이야기하며, 모든 존재는 저마다의 장점이나 특기를 가지고 있음을 강조했습니다. 앞서 상리공생의 장을 되새겨 본다면 이 세상 생명체는 서로 긴밀하게 연결되어 있고, 서로가 서로의 생존에 필수적인 역할을 하고 있다는 것을 깨닫게 됩니다. 이러한 공생의 개념을 더욱 심화시킨 생물학자 린 마굴리스는 환경과학자 제임스 러브록과 협력해 공생의 범주를 무생물까지 확장했습니다.

영국의 저명한 과학 저널 『뉴사이언티스트』가 '우리 시대의 가장 위대한 사상가 중 한 명'이라고 평가한 제임스 러브록은 린 마굴리스와의 협업을 통해 지구는 대기, 물, 토양과 같은 무생물과 수많은 생물이 상호작용하여 마치 인체의 항상성처럼 온도, 습도, 양분, 에너지, 산도, 염도 등에서 정교한 조화를 이루는 하나의 거대한 생명체와 같다고 주장했습니다. 그는 지구를 대지의 여신 '가이아'에 비유하며 과학적 근거들을 덧붙인『가이아』라는 책을 출간했습니다.

비록 이 책은 지구를 인격신처럼 여긴다는 오해를 받기도 하고 1979년에 출간된 책이기에 현재의 과학적 관점과는 다소 차이가 있을 수 있지만, '지구 전체의 절묘한 조화'라는 책의 주제는 여전히 깊은 철학적, 과학적 영감을 제공합니다. 덕분에 이 책은 현재까지도 여러 교육기관들의 추천도서로 꼽히는 등 출간된 지 수십 년이 지난 지금도 변함없는 영향력을 발휘하고 있습니다.

제임스 러브록과 린 마굴리스의 가이아 가설에 따르면 생물뿐만 아니라 무생물에 이르기까지 지구상의 모든 존재와 현상은 무의미하거나 쓸모없을 수 없습니다. 그런 점에서 이번 장은 앞서 다룬 상리공생의 개념을 한층 심화시킨 확장판이라고 볼 수 있습니다.

상리공생의 장이 "사소한 줄 알았는데 실제로는 중요한 역할을 하는 생명체들이 있구나." 정도의 맛보기였다면, 이번 노마지지의 장은 "아무리 세상을 구석구석 파헤쳐 봐도 의미 없는 존재를 찾는 것은 불가능하구나."라는 정도의 느낌에 가깝습니다.

인간의 관점에서 봤을 때 세상에 쓸모없어 보이는 존재는 수없이 많습니다. 하지만 무엇이 되었든 그들이 사라지면 인류의 존속도 위협받을 수 있습니다. 예를 들면 바퀴벌레, 모기와 함께 3대 해충이라고까지 꼽히는 파리가 없어지면 어떻게 될까요?

이 세상에서 파리가 멸종된다면 인류에 재앙이 일어날 수 있습니다. 파리는 알다시피 배설물, 동물사체 등 우리가 더럽다고 생각하는 대부분의 장소에 있습니다. 어찌 보면 파리는 우리가 기피하는 것들을 대신 분해하고 자연으로 돌려보내는 청소부인 셈인데, 아이러니하게도 우리는 고마운 자연의 청소부를 무의식적으로 혐오하고 있습니다.

파리가 없다면 산과 들은 온갖 동물들의 사체와 배설물로 뒤덮이고, 식물은 아무리 기다려도 양분이 전달되지 않아 죽게 됩니다. 식물은 사체나 배설물 등의 유기물이 조금 더 잘게 분해되어 무기물이 되지 않으면 제대로 흡수하지 못하기 때문입니다. 같은 이유로 이 세상의 더러운 곳에 번식하는 세균들이 사라져도 세상은 사체와 배설물의 천국이 됩니다.

또한 파리가 멸종하면 전 세계의 초콜릿 양도 급감하는 전혀 생각지도 못한 나비효과가 발생할 수 있습니다. 상당수의 식물은 자신의 꽃가루를 다른 개체로 퍼뜨려 수정하기 위해서 꽃가루를 대신 묻혀서 옮겨줄 다른 곤충들이 필요합니다. 파리는 카카오나무가 꽃가루를 퍼뜨리기 위해 필요한 주요 전달자입니다. 심지어 카카오나무뿐만 아니라 상당수의 식물이 파리를 통해 꽃가루를 퍼뜨리며 번식을 하기에 그들이 없어지면 아마 인류는 채소 섭취량이 너무 모자라 멸종할 수도 있습니다.

그렇다면 종종 급작스럽게 불어나서 적조현상을 일으키고 물고기들을 집단폐사 시키는 바다 속의 플랑크톤은 어떻습니까. 인간의 거주 영역에서도 동떨어지니 정말로 쓸모없겠다는 생각이 들지 않나요?

하지만 바다의 플랑크톤은 지구의 산소 생산량 중 약 70%를 담당하고 있습니다. 학창시절에 브라질의 아마존 숲이 지구의 허파라고 배운 사

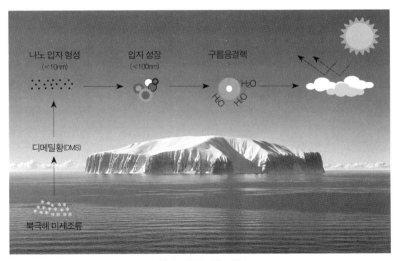

플랑크톤의 기후조절

람도 많겠지만, 실제로는 바다의 플랑크톤이 지구의 허파인 셈입니다.

또한 바다의 플랑크톤은 지구의 기후를 조절하는 역할까지 합니다. 플랑크톤은 DMS(디메틸황)라는 화학물질을 방출하는데, DMS는 산화반응을 거쳐 나노미터 크기의 입자가 된 다음, 주변의 수증기나 다른 대기물질을 잡아당겨 구름이 잘 뭉쳐지게 하는 응결핵의 역할을 합니다. 즉, DMS는 일종의 구름씨앗인 셈이지요.

지구가 온난화로 뜨거워지면 북극해에 서식 중인 플랑크톤이 늘어납니다. 따라서 그들이 내뿜는 DMS 양도 증가하고 구름의 양도 늘어나며 지구로 유입되는 태양열을 막아주니 결과적으로 기온이 낮아집니다. 반대로 지구가 추워지면 플랑크톤이 줄어들며 DMS 양이 감소하고, 구름의 양도 줄어들며 지구로 유입되는 태양열이 늘어나니 결과적으로 기온이 높아집니다.

그렇다면 생명력도 없고 너무나 미미해서 정말 이 세상에 아무 기여도 하지 않을 것 같은 먼지는 어떨까요?

하지만 먼지 역시 중요성이 막대합니다. 일단 먼지는 물의 순환에서 중요한 역할을 합니다. 앞선 DMS와 같이 먼지는 응결핵의 역할을 합니다. 눈이나 비는 공기 중에 떠 있는 미세먼지를 응결핵으로 삼아 지상으로 떨어질 수 있을 정도로 팽창하는데, 만약 먼지가 없다면 지표상에서 올라온 수증기들이 쉽게 구름의 형태로 바뀌지 않으므로 눈과 비의 양이 급감하여 지구가 사막처럼 황폐화될 수 있습니다.

또한 먼지가 없어지면 이 세상의 시각효과가 상당히 줄어들게 됩니다. 저녁의 노을도 사실 공중에 떠 있는 먼지들이 햇빛을 산란시켜서 발생하는 현상이기 때문입니다. 아울러 햇빛을 반사하거나 흡수하는 역할도 하기에 지구의 기후를 조절하는 데 중요한 역할을 합니다. 따라서 먼지가 사라지면 지구에 큰 기후 변화가 유발될 수 있습니다.

이쯤 되면 이 세상에 불필요한 게 뭔지 도저히 찾기 어렵습니다. 그렇다면 인류에게 극심한 피해만 주는 것 같은 화산은 어떨까요?

그러나 파괴적 존재로만 보이는 화산은 사실 지금 생명체들의 어머니의 어머니라고 할 만한 중요한 역할을 해왔습니다. 오늘날 지구의 대기권은 오랜 지질시대를 거쳐 진화해 온 결과이며, 현재 대기권을 이루는 주요 기체들의 기원은 바로 화산에서 방출된 물질들입니다. 화산에서 방출된 수증기, 질소, 암모니아, 메탄, 이산화탄소 등은 생명체 구성에 필수적인 원자들을 포함하고 있기도 합니다.

심지어 물의 기원에도 화산이 중요한 역할을 했다는 가설이 있습니다. 이 가설에 따르면 약 46억 년 전 지구가 탄생했을 당시에는 현재와 같

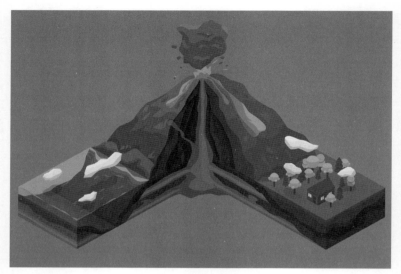

화산 폭발과 수증기

은 물이나 대기가 존재하지 않았지만, 지구의 무수한 화산이 폭발하면서 지구 내부의 수증기가 뿜어져 나왔고, 어찌나 많은 양이었는지 포화된 수증기는 비가 되어 수백 년에 걸쳐 내렸다고 합니다. 그리고 그렇게 형성된 것이 바로 오늘날의 바다라고 합니다.

물론 화산의 중요성은 과거에만 국한되지 않습니다. 화산은 현재에도 대기와 기후를 조성하는 데 필요한 가스를 방출하고 있으며, 화산재는 미네랄을 풍부하게 함유하고 있어 농경지를 비옥하게 만듭니다. 또한 화산 활동을 통해 제공되는 각종 귀금속, 광물, 건축자재 등은 인간의 생활을 한층 풍족하게 만들어 주고 있습니다.

이제는 인정할 수밖에 없는 듯합니다. 얼핏 보면 쓸모없어 보이는 이 세상의 모든 것들이 깊이 탐구해 보면 없어서는 안 될 중요한 역할을 수행하고 있다는 점을 말입니다. 인간의 근시안적인 관점에서는 중요하지 않다고 여기던 것들이 실제로는 생태계와 지구의 균형에 없어서는 안 될 필수요소들이라는 점을 깨닫게 됩니다.

만물제동

萬物齊同

만물은 도의 관점에서 보면 모두 하나이다

도_道는 원래 만물에 두루 퍼져 있는 것이나,

그것을 지식으로 구속하려 하기 때문에 논쟁이 생겨난다.

인간들은 제각기 다른 주장을 내세우며 논쟁 속에서 시간을 허비하고 있다.

아무리 상상을 뛰어넘는 기괴한 사물이라 하더라도,

도_道의 관점에서는 모두가 동일한 것이다.

운동현상에 대해서도 마찬가지다.

파괴로 보이는 현상도 다른 시각에서는 완성일 수 있으며,

반대로 완성도 파괴일 수 있다.

즉, 모든 존재는 그 형식과 운동을 막론하고 어떠한 구별도 없다.

_장자, 『장자』 제물론

수많은 현인들과 과학자들은 인간이 세상의 이치를 온전히 이해하는 것은 불가능하다고 말했습니다. 인류 역사상 가장 위대한 지성인 중 한 명으로 손꼽히는 뉴턴조차도 자신의 업적을 칭송하는 이들에게 이렇게 말했습니다.

"내 눈앞에는 미지로 가득 찬 진리의 바다가 펼쳐져 있다. 내가 한 일은 그저 바닷가에서 예쁜 조약돌이나 조개껍데기 몇 개를 찾아서 즐거워한 것에 불과하다."

그 위대한 과학자인 뉴턴조차도 자신의 업적이 무한한 진리에 비하면 눈곱만큼에 불과하다는 겸손한 자세를 취한 것처럼, 실제로 현대 사회에서 과학의 역할이 아무리 중요하고 그 성취가 놀랍다고 하더라도 과학은 세상의 근원을 완벽히 설명하기 어려운 본질적 한계를 지니고 있습니다.

과거 우리 조상들은 번개가 치는 이유를 번개신이 노해서 그렇다고 종종 설명했지만, 현대인들은 이런 얘기를 들으면 당연히 코웃음을 칠 것입니다. 번개는 구름과 구름 또는 구름과 지표면 사이에 전기의 방전이 일어나 만들어진 불꽃이라고 말하며 의기양양하겠지요.

하지만 이를 과연 완벽한 답변이라고 할 수 있을까요? 그저 질문에 대한 근본적인 답변을 잠시 유보한 것에 불과합니다. 만약 누군가가 왜

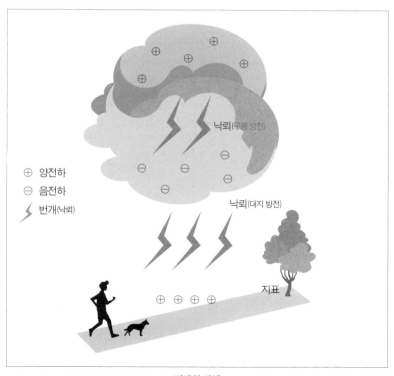

번개의 발생

만물제동

구름과 지표면 사이에 방전이 일어나느냐고 물어보면 뭐라고 답변해야 될까요? 호기심이 가득한 청년과 어느 저명한 천재 과학자와의 대화를 재구성해 보겠습니다.

호기심대왕: 번개가 치는 이유는 무엇인가요?

척척박사: 번개는 구름과 구름 또는 구름과 지표면 사이에 전기의 방전이 일어나면서 만들어진 불꽃이라네.

호기심대왕: 그럼 왜 구름과 지표면 사이에 방전이 일어나는 건가요?

척척박사: 구름을 구성하고 있는 물방울이 상승기류로 파열되어 양전하를 가진 물방울은 구름의 상부에, 음전하를 가진 물방울은 구름의 하부에 머물게 되지. 하부에 음전하가 점점 많아지면 이것은 지상의 양전하가 있는 곳으로 떨어지려고 한다네. 음전하가 떨어질 때 내는 에너지가 바로 번개인 것이지.

호기심대왕: 그럼 왜 양전하 물방울은 구름의 상부로, 음전하 물방울은 구름의 하부로 이동하며, 왜 음전하는 양전하를 향해서 움직이는 것인가요?

호기심대왕과 척척박사가 끝없이 물고 물리는 질문과 대답을 주고받은 끝에 척척박사는 다음과 같은 대답에 이르게 됩니다.

척척박사: 세상에서 일어나는 모든 현상은 원자들이 여러 방식으로 모였다가 흩어지는 것일 뿐이지. 여기에는 어떤 목적이나 의도 따위는 없다네. (휴… 이 정도로 답변하면 이제 더 이상 질문을 포기하겠지? 이 답변이야말로 어떤 방향에도 대처가 가능한 완전히 열린 결론이니 말이야.)

호기심대왕: 그렇다면 원자를 구성하는 입자는 무엇이고, 그 입자를 모였다가 흩어지게 하는 힘은 무엇인가요?

척척박사: ….

1808년 영국의 화학자 돌턴은 "물질은 원자라고 부르는 더 이상 쪼갤 수 없는 작은 입자로 구성되어 있다."는 내용의 원자론을 발표했습니다. 이는 오랫동안 물질의 기본구조를 설명하는 주요 이론이었으나, 핵물리학자인 러더퍼드는 원자보다 더 작은 구성요소인 원자핵과 양성자의 존재를 발견했습니다. 여기까지만 해도 이미 아찔하도록 미시적인 세계이건만, 현대 과학은 그 이후에도 발전을 거듭하여 1968년의 실험을 통해 쿼크라는 입자의 존재를 입증했습니다. 쿼크는 현대 물리학에서 기본입자로 간주되며, 현재로서는 더 이상 쪼갤 수 없는 최소단위로 여겨지고 있습니다.

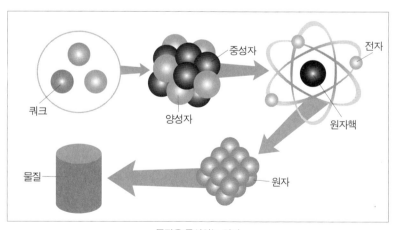

물질을 구성하는 입자

하지만 현대 과학이 쿼크의 존재를 발견한들, 앞서 등장한 호기심 청년의 호기심을 완전히 해소할 수는 없습니다. 설령 쿼크를 구성하는 무언가의 입자를 밝혀내고, 그 입자를 움직이는 힘이 무엇인지 밝혀낸다 해도, 그렇다면 그 입자를 구성하는 것과 그 구성하는 것을 움직이는 힘은 무엇이냐는 식으로 의문은 끝없이 태초를 향해 갈 것이고, 최초의 그 무언가가 무엇인지는 도저히 설명할 수 없기 때문입니다. 이는 모든 창조신화가 첫 번째로 부딪히는 문제이고 현대 과학이 아무리 발전해도 답하기 어려운 문제입니다. 아무리 과학이 진보해도 최초의 유(有)를 탄생시킨 무(無)에 대해서는 결코 설명할 수 없습니다.

여기까지 도달하면 인간은 이제 절대적 존재를 상정할 수밖에 없게 됩니다. 노자와 장자는 천지의 시작이자 만물의 어머니로서의 우주의 생성 원리이자 대원칙을 도道라고 표현했습니다. 세상의 모든 만물과 현상은 도道의 발현이기에, 그들은 만물에 귀천이 없고 본질적으로 평등하다고 보았습니다. 모든 것은 도道가 시공간에 따라 잠시 다른 모습으로 나타난 것일 뿐, 결국에는 다시 태초의 근원인 도道로 되돌아가기 때문입니다. 바다의 파도에서 튀어 오른 물방울의 모양과 크기는 각양각색이지만 거기에는 어떤 우열과 귀천도 없고 결국에는 다시 하나의 바다로 되돌아가는 것처럼 말이지요.

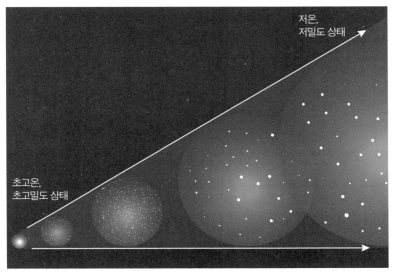

저온,
저밀도 상태

초고온,
초고밀도 상태

빅뱅 우주론

완전히 일치하는 개념은 아니지만 현대 과학에서 주장하는 빅뱅 우주론
도 이러한 노자와 장자의 도道의 개념과 상당히 유사점이 많습니다. 빅뱅
우주론도 빅뱅이 발생하기 전의 세계에 대해서는 설명하지 못한다는 한
계는 있지만 현재로서는 가장 그럴듯한 정설로 받아들여지고 있습니다.
빅뱅 우주론에 따르면 모든 것의 시작은 다음과 같습니다.

빅뱅 우주론

우주는 약 138억 년 전에 탄생했다. 태초의 우주는 크기가 원자보다
도 작았고, 온도는 조나 경 단위로도 표현할 수 없을 만큼 엄청나게
뜨거웠다. 그러다가 10^{-34}에서 10^{-32}초 사이의 찰나라는 표현으로도

만물제동

부족한 짧은 시간 만에 터질 듯한 힘으로 급팽창했다. 어찌나 강렬한 팽창이었는지 그 속도는 빛보다 빨랐다고 추정된다.

우주가 팽창한 지 1초경부터 양성자, 중성자가 나타나고 원자핵이 형성되었다. 3분경부터 양성자와 중성자로부터 수소와 헬륨의 핵이 만들어졌다. 빅뱅 발생 30만 년 후 우주의 평균온도는 4,000도까지 식었고, 우주는 전기적으로 중성이 되며 물질과 에너지가 분리되었다. 30만 년이나 지났어도 우주의 대부분은 빈 공간이었고 수소와 헬륨으로 된 구름 덩어리들이 떠다니고 있었다.

초기 우주에는 주기율표 1, 2, 3번에 해당하는 아주 단순한 원자인 수소, 헬륨, 소량의 리튬만 존재했다. 더 복잡한 물질은 초기 혼돈의 우주에서 유지될 수 없었기 때문이다. 그래서 최초의 별과 은하도 수소와 헬륨이 뭉쳐져 만들어졌다. 하지만 이렇게 단순한 재료로 만들어진 별은 그 중심부의 어마어마하게 뜨거운 열을 통해 수소와 헬륨을 현재 우리가 알고 있는 다른 원소들로 변환함으로써 이 세상에 복잡한 물체들이 탄생할 수 있는 기초를 마련했다.

현재 우리가 보고 접하는 모든 물질과 현상과 역사는 빅뱅 이후 탄생한 수많은 원소들이 모이고 작용하고 흩어진 과정이라 볼 수 있다.

노자와 장자는 "모든 것은 도道라는 하나의 어미에서 나와 시간과 공간에 따라 다른 형태로 발현되었을 뿐, 그 뿌리는 같다."라고 말합니다. 이는 마치 "모든 것은 빅뱅에서 시작되어 진화를 통해 지금에 이르렀으니, 모든 생명과 물질의 뿌리가 같다."라고 말하는 과학자의 견해와 닮아 있습니다. 결국 노장의 철학과 현대 과학이 같은 근원적 이해에 도달한 것처럼 들리기도 합니다.

이러한 사실을 체감하지 못한 사람들은 종종 세상 만물과 현상에 우열과 시시비비를 가리려고 하고 때로는 이념, 인종, 국가 간의 갈등과 분쟁을 초래합니다. 하지만 노자와 장자는 세상 모든 것은 그때그때 변화하고 흘러온 순간의 발현일 뿐, 본질적으로는 모든 존재는 어떠한 우열과 귀천, 정답과 오답도 없다고 말합니다.

역사학자 유발 하라리는 우리가 믿고 있는 원칙과 규범은 절대적인 진리가 아니라 일시적인 사회적 합의에 불과하다고 말합니다. 우리는 흔히 현대 사회의 법이 고대 사회의 법보다 더 이성적이고 합리적이라고 생각합니다. 실제로 가장 유명한 고대 법전 중 하나인 함무라비 법전을 현대의 시각에서 바라보면, 지나치게 엄격하거나 황당해 보이는 조항들도 존재합니다. 그 예를 몇 가지 살펴보면 다음과 같습니다.

- 의사가 수술 중 환자를 죽게 하면 의사의 손을 자른다.
- 건축업자가 집을 견고하게 짓지 않아 집이 무너져 집주인이 죽었으면 건축업자를 죽인다. 집주인의 아들이 죽었으면 건축업자의 아들을 죽인다.
- 도망친 노예를 숨겨준 사람은 사형에 처한다.
- 어떤 사람을 사형에 처할 만하여 고소했는데 이를 입증할 수 없다면, 고소한

자를 사형에 처한다.

물론 모든 내용이 이런 식은 아니지만, 현대인의 관점에서 보면 다소 어이없고 불합리해 보이는 부분이 많은 것도 사실입니다. 하지만 그 시대의 문화와 시대상이 반영된 결과일 뿐, 이를 고대와 현대의 우열을 가리는 기준으로 삼는 것은 위험합니다. 예를 들어 세계를 선도하는 법문화와 제도를 갖춘 선진국으로 꼽히는 미국에도 황당하고 비합리적으로 보이는 법들이 존재했기 때문입니다. 『먼나라 이웃나라』에서 이원복 교수가 소개한 예를 몇 가지 살펴보면 다음과 같습니다.

- 콧수염 기른 남자는 여자에게 키스하면 안 된다.
- 남편은 한 달에 한 번 아내를 때려도 된다.
- 모든 범죄자는 범행 24시간 전에 범행 대상자에게 통보해야 한다.
- 물구나무서기로 길을 건너는 자는 벌금형을 받는다.
- 양파 냄새 풍기는 아이를 학교에 등교시키면 안 된다.
- 개 앞에서 인상을 쓰면 구속, 구금할 수 있다.
- 쓰레기, 먼지를 양탄자 밑에 넣는 것을 금지한다.

어떻습니까. 물론 시대에 맞지 않아 현재는 폐지된 법도 많지만 잠시라도 이런 법이 제정된 적이 있었다는 자체가 놀랍지 않습니까? 워낙 땅도 넓고 도시도 많은 미국의 특성을 감안하더라도 상당히 독특한 법들입니다. 하지만 이 또한 우리가 알지 못하는 시대적 배경과 문화적 필요가 반영된 결과이기에, 섣불리 비합리적이라고 평가해서는 안 됩니다.

과거와 현대의 법과 규범은 특정 시대와 사회적 합의의 산물일 뿐, 고정불변의 절대적 진리는 아닙니다. 보편적이고 숭고한 진리로 여겨지는 '인권'조차도 시대적 관념에서 비롯된 결과일 수 있습니다. 예를 들어 미국의 독립선언문은 "모든 사람은 평등하게 창조되었으며 생명, 자유, 행복을 추구할 권리를 부여받았다."라고 선포했지만, 하라리는 이를 두고 생물학적으로 아무런 근거가 없는 표현이라고 말했습니다.

노자와 장자가 주장하는 도道의 원리와 유발 하라리의 사회적 합의의 개념은 이러한 측면에서 유사성을 공유합니다. 모든 규범과 질서는 인류의 집단적 상상력과 합의에서 비롯된 것이며, 이는 절대적인 진리가 아닌 시대적 산물일 뿐입니다. 따라서 우리는 언제든 변화할 수 있는 규칙의 특성을 이해하고, 이를 넘어서는 유연한 사고를 가져야 합니다.

합리성의 결정체라고 생각되는 과학도 별반 다르지 않습니다. 현대의 합

노벨상 메달

리적이고 과학적인 사고는 그 시대의 지식과 논리에 근거하여 발전해 왔습니다. 하지만 시간이 지나면서 과거의 과학적 진실이 틀렸다고 밝혀지기도 합니다. 예를 들어 연금술이나 천동설은 그 당시 최고의 석학들에 의한 과학적 진리로 여겨졌지만, 현재는 명백한 오류로 판명되었습니다. 이는 과학 또한 변화하는 진리의 일부임을 보여주는 사례들입니다. 현재의 과학 역시 절대적 진리가 아니라, 현시대의 지식과 기술 수준에 따른 한시적 설명에 불과합니다. 미래에 새로운 지식이 쌓이면 지금의 과학적 설명 또한 얼마든지 수정될 가능성이 있습니다.

세계 최고의 권위를 가진 노벨상의 역사에서도 이러한 과학의 유동성을 확인할 수 있습니다. 누구나 인정하는 권위와 위상에 걸맞게 노벨상 수상자 선정의 까다로움은 혀를 내두르게 합니다.

일단 그 권위와 공정성을 유지하기 위해 노벨상 수상자의 선정과정 자체가 상당부분 극비로 진행되며, 후보자 명단 및 심사 관련 자료 등은 무려 50년 동안 비공개한다는 규정이 있을 정도입니다. 다만 주 스웨덴 대한민국 대사관을 통해 안내된 일부 정보에 따르면, 노벨상 수여 기관들은 한 부문당 1,000명씩 총 6,000여 명의 전 세계 전문가들에게 후보 추천을 요청합니다. 추천권을 가진 사람들은 노벨상 수상자, 대학 교수, 연구기관의 전문가, 과학 아카데미 회원 등이며 해당 후보를 추천하는 이유를 서면으로 제출합니다(단 자기 자신을 추천하는 경우 자동적으로 자격이 박탈됩니다). 추천된 후보자는 부문별로 보통 100~250명 정도이며, 노벨위원회는 수천 명의 인원을 동원하여 후보자들의 연구 성과를 검토하고, 필요 시 외부 전문가의 의견도 참고해 심사 보고서를 작성합니다. 이 보고서는 스웨덴 왕립과학아카데미 등의 노벨상 수여 기관에 제출되며 최종 투표를 통해 수상자가 결정됩니다.

이처럼 까다롭고 정밀한 검증을 통과한 노벨상 수상자의 연구에 오류가 있다고 생각하기는 차마 어렵습니다. 하지만 1926년 노벨 생리의학상을 수상한 요하네스 피비게르가 "특정 기생충이 위암을 유발한다."고 발표했던 연구는 오류로 판명되었고, 현대에는 화학물질이 암을 유발한다는 야마기와 가쓰사부로의 주장 등이 더욱 인정받고 있습니다. 이런 사례는 과학은 절대적으로 고정된 진리가 아님을 보여줍니다.

과학은 당시의 지식과 사고에 따른 일시적인 시대의 산물일 뿐이며, 새로운 발견에 따라 언제든 바뀔 수 있습니다. 따라서 과학의 발전은 열

만물제동

려 있는 사고를 가진 과학자들에 의해 가능했습니다. 그들은 기존의 틀을 넘어 새로운 가설과 실험을 통해 진리의 범위를 넓혔습니다. 이는 현대에도 여전히 유효한 교훈으로, 우리는 과학을 맹신하는 대신 그 발전과정을 이해하고 열린 마음으로 새로운 지식과 발견을 받아들여야 합니다.

시대에 따라 변화하는 것은 과학만이 아닙니다. 문화와 사회의 가치관도 마찬가지로 변해왔습니다. 하다못해 사소한 연애관만 봐도 시대의 가치관은 끊임없이 변합니다. 요즘의 한국인은 과거 조선시대의 유교관을 떠올리며 과거의 연애관은 매우 답답하고 퍽퍽했을 것이라고 상상할 수 있습니다. 하지만 시간을 원시시대까지 대폭 거슬러 올라가면, 여러 명의 남녀가 집단으로 결혼하여 서로 배우자를 공유하는 집단혼이 성행했다는 가설도 있습니다. 물론 가혹한 원시시대에서 공동체의 생존력을 높이기 위한 어쩔 수 없는 선택이었겠지만, 현대에 비하면 충격적일 정도로 자유로운 연애관이 만연했을지도 모릅니다.

또한 양성평등화가 많이 진전된 현대에 비하면 과거에는 항상 남성 중심의 부계사회였다고 생각할 수 있지만, 오히려 집단혼이 일반적이었던 원시시대에는 유전자 검사를 하지 않는 이상 친부는 확인하기가 어렵고 친모의 확인은 확실했기 때문에, 아이들은 어머니를 중심으로 씨족을 이루게 되는 등 여러모로 모계사회가 주류였다는 가설도 존재합니다.

과학철학자들은 인간의 지성과 위상 또한 절대적인 것이 아니라, 자연선택에 따른 진화의 산물일 뿐이라 주장합니다. 그런데 '진화'라는 단어를 구성하는 '나아갈 진(進)'이라는 한자 때문에, 진화를 종종 진보로 혼동하기 쉽습니다. 그러나 진화생물학자들은 '진화'는 '진보'가 아님을 분명히 강조하고 있으며, 둘을 혼동하지 말라고 경고합니다.

진화는 철저히 상대적인 개념으로, 경쟁 상대보다 조금이라도 우위를 차지하는 방식으로 이루어진 것일 뿐 객관적인 진보를 의미하는 것이 아닙니다.

현대 진화생물학에서도 진화의 역사에서 객관적인 진보의 흔적을 찾을 수 없다고 합니다. 즉, 진화는 '업그레이드'가 아니라 '체인지'일 뿐입니다. 진화론의 선구자 찰스 다윈 역시 진화가 진보로 오해되는 것을 꺼렸으며, 실제로 『종의 기원』 초판에서도 '진화'라는 표현 대신 '변화를 동반한 계승'이라는 용어를 사용했습니다.

진화의 개념을 혼동하면 자칫 인간은 만물의 영장이며 진보의 결정체라고 자만할 수 있지만, 각각의 요소 하나하나를 따져보면 인간이 어떤 점에서 진보의 결정체라 할 수 있을지 혼란스러워집니다. 수명은 거북에 비하면 한참 뒤지고, 체격과 힘은 코끼리에 비하면 한참 뒤집니다. 뚜렷

하게 앞서는 것은 지능인데, 그렇다면 단순히 지능이 높은 사람이 지능이 낮은 사람보다 더 진보된 존재라고 볼 수 있을까요?

미국의 한 연구에 따르면, 인간의 지능이 오히려 건강에 부정적인 영향을 미칠 수도 있다는 흥미로운 결과가 있습니다. 생태학자 페터 볼레벤의『자연의 비밀 네트워크』에 소개된 이 연구에서는 인간과 원숭이 세포의 체내 암세포 파괴 메커니즘을 분석한 결과, 높은 지적 능력이 체내 암세포 파괴 작용을 저하시킬 수 있다고 주장했습니다. 즉 암에 거의 걸리지 않는 원숭이와 달리 인간은 발암이라는 비싼 대가를 치르고 지능을 얻은 셈이 됩니다. 물론 완벽하게 신뢰할 수는 없는 일부 연구일 뿐이지만, 이런 연구가 사실이라고 가정할 때 상상할 수 있는 가상 시나리오는 매우 흥미롭습니다.

만약 인간이 높아지는 지능에 비례해서 암 발병률이 높아진다면, 미래의 인간은 압도적인 IQ를 가지는 대신 나이가 들면 대부분 암으로 삶을 마감하는 시대가 올 것입니다. 감당이 안 될 정도로 암 발병률이 높아져 인류의 지속을 위협할 수준이 되면 인간은 결국 지능을 대폭 낮추고 암 발병의 위험을 낮추는 방향으로 변화할 것입니다. 그래서 오히려 아주 먼 미래의 인간은 지능이 대폭 하락하게 될 것이며 우리는 그것을 진화라 부를 것입니다.

노자와 장자는 수천 년 전에 이미, 세상 만물에는 진보와 퇴보에 따른 우열, 옳고 그름이 따로 없다는 것을 꿰뚫어 보았습니다. 도道는 개미에게도, 강아지풀에도, 벽돌에도, 오줌과 똥에도 있으며 모든 것이 하나의 도道에서 비롯되어 시간과 장소에 따라 형태만 다를 뿐이니 완전히 평등함을 깨닫고 분별을 버리라고 했습니다.

　내가 설령 타인과 분쟁이 생겼다 해도, 그것은 내가 옳고 타인이 틀려서가 아니라, '나'는 A라는 조상의 유전자를 물려받은 A라는 부모 아래에서 태어나 A라는 환경에서 A라는 교육을 받고 커왔기에 A라고 생각하는 것일 뿐이고, '타인'은 B라는 조상의 유전자를 물려받은 B라는 부모 아래에서 태어나 B라는 환경에서 B라는 교육을 받고 커왔기에 B라고 생각하는 것뿐입니다.

　현대 사회 리더의 필수덕목 중 하나로 꼽히는 포용력도 이런 무한히 열린 사고에서 나올 수 있습니다. 속으로는 남이 틀렸다고 느끼면서도, 겉으로 티를 안 내고 꾹꾹 참으며 남을 억지로 끌어안는 행위는 진정한 포용력이라 할 수 없습니다. 참된 포용력이란 나와 남 사이에 옳고 그름이 따로 없음을 알기에 흔쾌히 상대방을 끌어안을 수 있는, 도道를 통찰한 사람에게서 나올 수 있는 것입니다.

천장지구

天長地久

하늘과 땅은 영원하다

하늘은 넓고 땅은 영원하다.

천지가 넓고 영원할 수 있는 이유는

살고자 하는 생각도 없이 무심하기 때문이다.

그래서 영원할 수 있는 것이다.

_노자, 『도덕경』 7장

노자는 하늘과 땅은 단순하고 무심하게 살기 때문에 무궁한 평화를 누린다고 했습니다. 도道를 깨달은 사람도 하늘과 땅의 방식을 따르기 때문에, 천지자연의 단순하고 무심한 흐름에 융화되어 영원한 평화를 누린다고 했지요. 다만 하늘과 땅은 도道를 깨달은 자를 의인화한 개념일 뿐 실제로는 무생물체이니 오래가는 것이 당연하게 느껴질 수 있습니다. 하지만 생물과 무생물의 차이는 과연 무엇일까요. 유치원생만 되어도 직관적으로 생물과 무생물을 구분할 수 있지만, 막상 '생물'이란 무엇인가를 명확히 정의하려면 쉽지 않은 문제임을 알게 됩니다.

물리학자 에르빈 슈뢰딩거는 저서 『생명이란 무엇인가』에서 이를 다루며, 생명의 과학적 정의가 얼마나 복잡한지 설명했습니다. 제대로 설명하자면 영적인 영역인 영혼에 대한 고려까지 필요할 수도 있으나 인간의 지적 한계를 인정하고 관찰 가능한 과학의 범주에서만 설명하자면, 많은 물리학자가 말하듯 결국 생명 역시 양자역학에 따라 움직이는 원자들로 구성된 화학적 기계라고 볼 수 있습니다. 단지 무생물에 비해 극도로 복잡한 고밀도의 에너지 흐름을 가질 뿐이지요. 다만 이는 절대 생명을 경시하는 접근이 아닙니다. 오히려 원자와 분자 위주로 생명을 정의하려는 과학자들도 생명의 복잡함과 규칙성과 질서에 경외심을 느끼기 때문입니다. 슈뢰딩거 역시 생명은 무생물이 보여줄 수 없는 경이로운 모습을 보여준다며 감탄했습니다.

열역학 제2법칙에 따르면, 우주 전체의 무질서도는 계속 증가합니다. 따라서 우주 전체의 관점에서는, 물질은 부서지고 흩어지며 무질서도가 증가하는 '무생물 상태'인 것이 매우 자연스럽습니다.

　알고 보면 우주 전체는 죽음으로 가득하고, 오히려 먼지보다 작은 지구에서 펼쳐지는 생명현상이 극도로 부자연스러운 것입니다. 때문에 세상을 물질로만 보는 과학자의 눈에도 열역학 법칙을 거슬러 파괴에 격렬히 저항하며 형체를 유지하는 생명에 경탄할 수밖에 없습니다. 바다에 비유해 보자면, 해변의 모래성은 파도 한두 번에 으스러지는 게 당연하겠지만, 황당하게도 아무리 파도가 치고 바람이 불어도 모양이 계속 유지되는 모래성이 있으니 그게 바로 생명인 것입니다.

　　　　　　　　　　　　　　　　　　　　　천장지구

천체물리학자 에릭 체이슨은 별, 행성, 은하 및 생물 등이 열역학 제2법칙의 파괴적 압력에 저항하고 버티는 에너지 흐름의 밀도를 측정함으로써 각 존재들이 얼마나 복잡한 존재인지 측정할 수 있다고 말했습니다.

에너지 밀도 추정 비교표

구조	에너지 비율 밀도(erg s⁻¹g⁻¹)
은하(예: 우리은하)	1
별(예: 태양)	2
행성(예: 지구)	75
식물(생물권의 식물)	900
동물(예: 인체)	20,000
두뇌(예: 인간의 뇌)	150,000
사회(예: 현대 인간 문화)	500,000

출처: Eric Chaisson, Comic Evolution: The Rise of Complexity in Nature (Cambridge Mass. Harvard University Press, 2001), p.139.

그의 연구를 보면, 에너지 밀도만 따지면 조그마한 잡초조차도 거대한 태양보다 훨씬 대량의 에너지 흐름을 감당하면서도 파괴되지 않고 형체를 유지하고 있음을 알 수 있습니다. 이는 생명체는 단순한 무생물보다 훨씬 더 복잡하고 정교한 시스템임을 보여줍니다. 그러나 이러한 복잡성에는 대가가 따릅니다.

별은 수십억 년 동안 존재할 수 있지만 생명체는 아무리 길어도 몇백 년을 넘기기 어렵지요. 이는 복잡할수록 빨리 파괴된다는 사실을 반증하며, 정교한 에너지 흐름을 조절하고 통제하는 것이 얼마나 어려운 것인지를 명백히 보여주는 것입니다. 살아 있는 생명체는 열역학 제2법칙에 거

세계 저항하는 대신 짧은 수명이라는 대가를 얻게 된 것입니다.

노자는 어느 정도 비유적인 표현으로 하늘과 땅이 영원한 비결이 단순함과 무심함이라고 언급했지만 실제로도 하늘과 땅이 오랜 수명을 누리는 비결이 단순함이었던 셈이지요.

물론 우리 모두는 이미 생명체라는 단명의 운명을 타고났지만, 그 안에서도 단순함의 위력은 유효합니다. 건강관리에 관심이 깊은 사람들이라면 한 번쯤 '블루존'이라는 단어를 들어봤을 것입니다.

이 단어는 이탈리아의 의학 통계학자인 잔니 페스 박사가 지도상에서 100세 이상 장수인의 비율이 높은 지역을 파란 원으로 표시하던 것에서

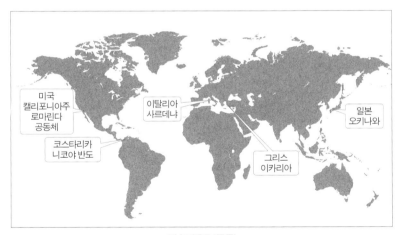

장수마을 '블루존'

유래했습니다. 이후 오지탐험가이자 저널리스트인 댄 뷰트너가 세계에서 유독 장수하는 사람들이 많이 사는 장수촌 5곳을 찾아다니며, 그들의 생활방식을 조사한 내용을 『세계장수마을 블루존』이라는 책에 담았고, 이때 알려진 5개의 지역을 현재 '블루존'이라고 부릅니다(이탈리아의 사르데냐, 그리스의 이카리아, 일본의 오키나와, 미국 캘리포니아주의 로마린다 공동체, 코스타리카의 니코야 반도).

이 지역들은 90세, 100세가 넘은 장수인구가 많은 것도 대단하지만, 대부분 노화로 인한 질병을 가지고 있지 않다는 점에서 큰 관심을 끕니다. 즉, 단순한 장수가 아니라 무병장수에 가깝다는 점에서 그 가치가 더 돋보이는 것이지요. 블루존 연구를 수행한 전문가들은 그들의 장수 비결이 의외로 단순하고 일상적인 요소에서 나타남을 확인했습니다.

블루존 사람들은 끊임없이 몸을 움직이고, 삶의 목적을 가지며, 채식 위주의 식단을 따르고, 포만감이 느껴지기 전에 식사를 멈추는 등 소박한 생활방식을 유지합니다. 더불어 하루에 와인 한두 잔 정도를 마시고, 마음을 편안하게 내려놓으며, 가족과의 유대와 신앙적 소속감을 소중히 여깁니다. 또한 지역 사회에서 건전한 인간관계 맺기를 중요시합니다. 이러한 요소들은 특별한 것이 아니라 의지만 있으면 누구나 실천 가능한 것들입니다.

그 지역에서만 먹을 수 있는 대단히 특별한 비밀 보양식이라도 있을 것 같지만, 식사에 대한 얘기는 고작 두세 가지 뿐이고 그마저도 그냥 육식을 줄이고 식사량도 줄이라는 정도의 일반적인 조언 수준입니다. 사실 어떤 점에서 보면 특별한 비결로 보이지 않을 정도로 너무나 소소하고 당연해 보이고 단순한 것들입니다. 하지만 수많은 장수인들은 규칙적이고 단순한 삶을 장수의 비결로 꼽습니다.

물론 수명에는 워낙 변수가 많으므로 무엇만 딱 꼬집어서 정답이라 할 수는 없습니다. 그러나 미래의 평화로운 삶을 위해 시작했던 일들이 어느 순간 주객이 전도되며 복잡한 사회의 치열한 경쟁 속으로 자신을 내몰고 육신과 정신을 점점 더 시들고 쇠약하게 만든다면, 장수촌 사람들의 "단순하게 살라."는 공통된 조언은 삶의 방향을 재정비하는 데 커다란 영감을 줄 수 있을 것입니다.

평화로운 삶은 노자가 강조했던 단순함과 무심함을 지키는 삶의 방식을 통해 실현될 수 있습니다. 그는 이미 오래전부터 사람들에게 과도한 집착과 복잡한 삶을 내려놓고 자연스러운 상태로 돌아가라고 권했습니다. 그리고 이러한 삶의 태도가 진정한 행복과 건강을 누리는 길임을 일깨워 주었습니다.

쾌락적응

快樂適應

긍정적이든 부정적이든 시간이 지나면 적응된다

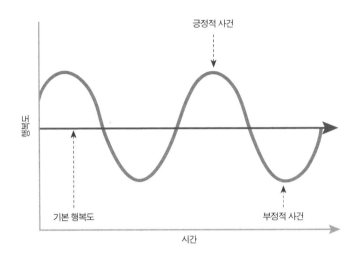

화려한 장식은 사람의 눈을 어둡게 하고,

달콤한 음악은 사람의 귀를 멀게 하며,

산해진미는 사람의 입을 해치고,

흥분되는 사냥은 사람의 마음을 흔들리게 하며,

금은보화는 사람의 행동을 혼란스럽게 만든다.

그러므로 도道를 체득한 사람은 욕심을 버리고 내실을 중시한다.

_노자, 『도덕경』 12장

세계적인 심리학자인 서은국 교수는 저서『행복의 기원』에서 행복과 쾌락이라는 감정을 진화심리학의 관점에서 명쾌하게 해설한 바 있습니다. 그는 인간은 그저 동물에 불과하며, 동물에게 최고의 가치는 생존과 번식 두 가지라는 점을 강조합니다. 인간이 행복을 느끼는 이유는, 인간의 뇌가 생존과 번식에 유리한 방향으로 본체를 조종하기 위해 행복이라는 감정을 도구로 활용하기 때문입니다. 사람이 생존에 필수적인 식사를 하고, 번식에 필수적인 사회적 활동을 할 때 행복을 느끼는 이유는 바로 이 때문입니다.

만약 어떤 원시인이 고기를 먹거나 이성을 만나도 전혀 행복을 느끼지 못한다면, 그는 이러한 활동에 흥미를 잃어 후세에 자신의 유전자를 남기지 못할 가능성이 높아질 것입니다.

요컨대 진화심리학은, 행복이란 뭔가 철학적이고 숭고한 목적이 아니

라 생존과 번식을 위한 도구에 불과하다고 설명합니다. 즉, 행복이 인생의 궁극적인 목적이라는 철학자들의 주장은 인간 중심적인 사고이며, 인간은 행복하기 위해 사는 것이 아니라 살기 위해 행복감을 느끼도록 설계된 것이라고 진화심리학은 주장합니다.

덧붙여 서 교수는 행복은 거창한 관념이 아니라 구체적인 경험이며, 쾌락에 뿌리를 둔 기쁨·즐거움 같은 긍정적 정서라고 말했습니다(행복과 쾌락은 동의어는 아니지만 심리학적으로 완벽히 구분 짓기 어려운 측면이 있기에, 본 장에서는 행복과 쾌락을 비슷한 의미로 사용하도록 하겠습니다).

생물학적 관점에서 보면, 우리의 정신과 감정은 수백만 년에 걸친 진화과정에서 형성된 생화학적 체계의 지배를 받습니다. 이 관점에 따르면 행복역시 외부조건이 아니라 뇌 속 신경망과 호르몬과 같은 생화학적 요소들

쾌락적응

에 의해 결정됩니다. 즉, 인간의 뇌는 일정한 행복 수준을 유지하면서 지나치게 불행하거나 행복해지지 않도록 설계된 것입니다.

따라서 감정은 지속적이지 않으며, 외부 자극으로 인해 일시적으로 변화할 수는 있으나 결국 원래 상태로 되돌아갑니다. 긍정적 감정은 생존에 필요한 자원을 탐색하게 하며, 부정적 감정은 위험으로부터 스스로를 보호하게 합니다. 예를 들어 벌레를 보고 혐오감을 느끼는 것이 부정적 감정의 역할이라면, 음식이나 사람을 찾아다니게 하는 것이 긍정적 감정인 쾌락의 역할입니다.

하지만 이러한 쾌락의 도구적 특징 때문에 동물은 반드시 쾌락을 느낀 후에는 쾌락 이전의 상태로 돌아가는 초기화 과정이 발동됩니다. 그렇지 않으면 한 번의 식사만 하고도 끝없는 만족감을 느끼며 굶어 죽는 사람이 속출할 것입니다. 불행과 불쾌감에도 비슷한 초기화 작용이 일어납니다. 만약 고대 원시인이 육식동물에게 잡아먹힌 가족을 떠올리며 비통함에만 빠져 있었다면, 그 유전자를 후세에 전하지 못해 인류가 멸종했을 것입니다.

따라서 인간은 큰 행복이나 불행을 느끼더라도 시간이 지나면 처음 느꼈던 감정의 강도가 감소하고 자신의 원래 감정 상태로 돌아가려는 경향이 있는데, 이를 '쾌락적응'이라고 합니다.

복권 당첨자와 신체마비 환자들에서 나타나는 쾌락적응 현상을 보여주는 1978년의 유명한 연구가 있습니다. 이 연구에 따르면 복권에 당첨된 당첨자들은 직후에는 높은 행복감을 느꼈지만, 시간이 지나면서 당첨 전의 행복 수준으로 돌아갔습니다. 반대로 신체마비 환자들은 사고 직후에는 큰 불행감을 느꼈지만, 시간이 흐르면서 사고 전의 행복 수준으로 회복되었습니다. 이 연구는 인간이 극단적인 사건 후에도 감정의 균형 상태로 돌아오는 경향이 강력함을 보여줍니다.

끊임없이 초기화가 일어나는 쾌락의 독특한 메커니즘 때문에 쾌락에 대한 바람직한 접근법은 근본적으로 달라집니다. 이를 컴퓨터 게임에 비유해 보겠습니다. 일반적인 컴퓨터 게임에서는 열심히 노력해서 모든 스테이지를 클리어하거나 최고 레벨, 이른바 '만렙'을 달성하면 전지전능한 경지에 올라 영원한 해피엔딩을 누리게 됩니다.

만약 현실에서도 쾌락이 게임 경험치처럼 누적되어 '만렙'에 도달할 시 끝없는 행복을 누리게 되는 메커니즘이라면, 인간은 태어나서 죽을 때까지 그 경지에 도달하기 위해 온 힘을 다해 온 세상의 쾌락을 추구하는 것이 바람직합니다. 그랬다면 절제를 강조하던 역사 속 수많은 현자들의 가르침도 지금과 완전히 달랐을 것입니다. 아마 다음과 같이 변하지 않았을까요?

"어리석은 중생들이여, 잠시도 망설이지 말고 맛있는 음식을 끊임없이 위장에 쑤셔 넣고, 밤새도록 술을 퍼마시며 만취를 즐겨라. 시간이 될 때마다 많은 이성과 만나고, 하루 종일 쉬지 말고 시끄럽고 자극적인 음악으로 두 귀가 멀도록 청각을 자극해라. 고통이 찾아오면 참지 말고 끊임없이 마약을 주입하라. 그러면 결국 영원한 극락의 경지에 다다르게 될 것이니라."

하지만 인생의 쾌락 패턴은 전혀 다른 방식의 게임입니다. 이를 '쾌락 게임'이라는 컴퓨터 게임이라 해봅시다. 이 게임은 일정 시간이 지나면 반드시 초기화가 일어납니다. 당신이 아무리 열심히 경험치를 쌓고 레벨을 올려놓아도 다음 날이 되면 완벽히 초기화됩니다. 경험치가 덜 쌓여서 그런가 싶어서 훨씬 더 장시간을 집중하고 더 강력한 미션을 클리어하여 훨씬 더 높은 경험치를 쌓아놓아도, 다음 날이 되면 완벽히 초기화됩니다. 이런 상황이 오면 이제 이 게임을 하는 플레이어들의 패턴은 대략 3가지로 분류될 것입니다.

1. 매일 경험치가 초기화되는 상황인 줄 전혀 인지하지 못하고, 언젠가는 해피엔

딩에 도달할 것이라는 기대를 안고 매일같이 게임에 몰두하는 사람

2. 매일 경험치가 초기화되는 상황인 줄 알기에, 게임은 그저 즐기고 싶을 때만 가벼운 마음으로 하는 사람

3. 매일 경험치가 초기화되는 상황인 줄 알기에, 극도의 허무감을 느껴 게임 자체를 아예 하지 않는 사람

1번 유형은 상당수의 사람에 해당할 것이고, 2번 유형은 서은국 교수의 말처럼 행복과 쾌락을 효율적인 도구로 잘 활용하는 사람에 해당합니다. 3번 유형은 금욕주의자에 해당합니다.

쾌락게임

쾌락적응

인생은 각양각색인 만큼 1, 2, 3번 유형 중 어떤 방식으로 살아야 되는지에 대한 정해진 답은 없습니다.

다만, 1번 유형 플레이어는 더 빨리 해피엔딩에 도달하기 위해 점점 더 강력한 쾌락을 추구하다 게임에 중독될 위험에 빠질 수 있으며, 3번 유형 플레이어는 그런 위험에는 빠지지 않겠지만, 인생의 즐거움을 너무 많이 포기하는 것이 아닌가 하는 아쉬움이 살짝 생길 수 있습니다. 노자도 장자도 무분별한 쾌락을 경계한 것이지, 금욕까지 무작정 강요하지는 않았습니다.

2번 유형 플레이어는 헛된 레벨 달성에 목을 매는 것이 아니라 그저 심심할 때만 게임을 소소하게 가볍게 즐깁니다. 다음 날 경험치가 초기화되어도 아무런 아쉬움 없이 가볍게 자리를 털고 일어나 일상생활에 복귀합니다. 이처럼 쾌락의 메커니즘을 통찰하고 자유자재로 이용하는 사람은 인생을 적절하게 쾌락으로 색칠할 줄 알 뿐만 아니라 타인과의 비교심리에서도 자유로워질 수 있습니다.

2번 유형의 플레이어들은 타인이 아무리 나보다 앞으로 치고 나가 경험치를 많이 쌓고 상대적으로 내가 많이 뒤처지더라도 담담함을 유지할 수 있습니다. 어차피 저 친구도 나도 내일이면 쾌락이 초기화될 것을 알기에, 나는 나의 페이스와 속도대로만 적당히 게임을 즐기다 나오면 그만

이기 때문입니다.

쾌락적응의 원리를 이해하는 사람은 내가 당장 얻지 못한 쾌락에 아쉬워하거나 남이 가진 쾌락을 질투하며 인생을 허비하지 않을 것입니다.

중용지도

中庸之道

지나치거나 모자라지 않은 것에 진리가 있다

노나라에 선표라는 사람이 있었다.

그는 바위굴에 살며 물만 마시고 세속의 이익을 탐하지 않았다.

그래서인지 나이 일흔에도 얼굴빛은 갓난아기와 같았으나, 굶주린 호랑이를 만나 결국

잡아먹히고 말았다.

또한 장의라는 사람이 있었다.

그는 부잣집이든 가난한 집이든 가리지 않고 이익을 좇아 분주히 다녔다.

그러나 나이 마흔에 열병에 걸려 세상을 떠났다.

선표는 속을 길렀지만 호랑이가 겉을 먹어버렸고, 장의는 겉을 길렀지만 병이 속을 침범했다.

둘 다 자신에게 부족한 것을 채우려 노력하지 않았기에 목숨을 잃은 것이다.

_장자, 『장자』달생

진화심리학적으로 봤을 때, 인간이 움직이는 방향성을 결정하는 주요 감정은 쾌락과 고통입니다. 인간은 기본적으로 쾌락을 추구하고 고통을 피하는 존재이기 때문입니다. 그래서 예로부터 쾌락과 고통을 슬기롭게 대하는 가르침을 담은 수많은 고전문학들이 전해져 오고 있습니다. 다음은 『탈무드』에 나오는 이야기 중 하나입니다.

다섯 부류의 사람들

배 한 척이 항해 중 폭풍우를 만나 표류하다가 아름다운 섬에 도착하게 된다. 그 섬에는 아름다운 꽃과 먹음직스러운 과일나무가 있었다. 배에 탄 사람들은 섬에서 잠시 휴식을 취할지 말지로 의견이 갈렸고, 결국 다섯 그룹으로 나뉘어 각자 행동하기로 했다. 각 그룹이 택한 행동방식과 결과는 다음과 같다.

1그룹: 섬에 내린 동안 배가 떠날까봐 아예 배에서 내리지도 않았다. 확실하게 안전할 순 있었지만 섬에서 누릴 수 있는 즐거움을 완전히 포기했다.

2그룹: 섬에 내려서 나무그늘에 앉아 맛있는 과일과 새소리를 즐기며 기력을 보충한 후 배로 돌아왔다.

3그룹: 섬의 즐거움에 빠져서 배가 출발하기 직전까지 취해 있다가 허겁지겁 돌아왔다. 정신없이 돌아온 탓에 섬에 소지품을 놔두고 오기도 했다.

4그룹: 3그룹보다도 섬을 더 정신없이 즐기다가 배가 갓 출발한 후에야 정신을 차려 배로 뛰어왔다. 바다에 뛰어들어 헤엄을 치며 배에 오르느라 옷은 흠뻑 젖고 부상을 입었다.

5그룹: 섬의 아름다움에 가득 취해 떠나는 배를 아예 놓쳐버렸다. 섬에 남겨진 사람들은 숲의 맹수들에게 물려 죽거나 독이 든 열매를 먹고 죽었다.

쾌락을 적절히 그리고 현명하게 누리는 것이 얼마나 중요한지 보여주는 이야기입니다.

고전 이야기는 아니지만, 쾌락과 고통의 본질을 깊이 통찰한 유명한 단편 만화도 있습니다. 멘사회원이라는 독특한 이력을 가진 만화가 배진수는 높은 IQ의 보유자임이 실감되는 날카로운 통찰력으로 인간의 어두운 욕망과 비극을 다룬 작품들로 호평을 받아왔습니다. 그의 단편집『금요일』에 수록된「퍼펙트 월드」는 특히 쾌락과 고통의 의미를 다시 생각하게 만드는 수작으로 평가받고 있습니다. 간략한 줄거리는 다음과 같습니다.

퍼펙트 월드

반복적이고 찌든 삶에 지쳐 우울증에 빠진 한 남자의 앞에 악마가 나타나서 어떤 소원이든지 들어주겠다고 제안한다. 분명 악마의 꿍꿍이가 있다는 직감이 들었지만, 꼬임에 넘어가지 않고 역으로 악마를 골탕 먹일 자신이 있었던 남자는 룰을 파괴할 만한 소원을 말한다.

"내 소원은 종류와 개수에 상관없이 영원히 무한정으로, 네가 내 소원을 들어주는 거야."

의외로 악마는 이를 흔쾌히 수락하고, 남자는 상상할 수 있는 모든 소원을 넘어 상상할 수도 없던 온갖 소원을 빌기 시작한다. 뉴스 앵커를 여자 아이돌로 바꾸고, 고속도로에서 광속의 질주를 하기 위해 도로의 모든 차를 없애버리고, 자전거를 타고 달까지 날아가며, 구름 위에서 커피를 마셨다. 200만 원짜리 트러플 버섯을 곁들인 요리에 병당 수천만 원짜리 와인을 마시며 신조차 자기를 부러워할 것이라며 자만이 하늘을 찌르던 남자의 1년이 이렇게 흘렀다.

그러나 반복되는 극한의 쾌락을 체험할수록 남자의 행복에 대한 역치도 무한정 높아져 갔고, 이내 모든 것이 시시해지고 공허해지고 무기력감에 빠졌다.

남자는 공허함 끝에, 밥이나 맛있게 먹게 배나 고프게 해달라는 소원을 빌려다가 문득 오싹함을 느낀다. 결핍을 바라게 된 자신을 돌아보며 깨닫게 된 것이다. 행복이나 만족은 불행과 불만이 해소될 때 주어지는 반대급부적 보상이라는 사실을. 즉, 배고프지 않다는 것은 먹는 즐거움이 없다는 것이고, 돈이 필요하지 않다는 것은 버는 만족이 없다는 것이고, 사람이 아쉽지 않다는 것은 사귀는 기쁨이 없다는 것이라는 엄연한 사실을.

본인이 감정의 뇌사 상태에 빠졌다는 것을 비로소 깨달은 남자는 악마의 함정을 깨닫고 고래고래 소리를 지르다가 마지막 소원을 빈다.
"무조건 즐거운, 무조건 기쁜, 무조건 만족스러운, 무조건 감사한 완벽한 삶을 선사해 줘."
그 결과 정신병원에 갇혀 마약중독자의 몰골을 하고 넋이 나간 상태로 끝없이 웃고 있는 남자를 비추며 이야기는 끝이 난다.

앞의 두 이야기는 뇌의 도파민 시스템으로도 일부 설명이 가능합니다. 도파민은 목표를 달성하거나 기분 좋은 활동 등 쾌락적인 경험을 하면 뇌에서 분비되어 기쁨과 행복감을 느끼게 하는 호르몬입니다. 도파민은 음식 섭취, 사회적 상호작용 등 인간이 생존과 번영에 유리한 행동을 하도록 동기를 부여하는 역할을 합니다. 이러한 쾌감, 학습, 동기 부여, 행동 강화 등을 유도하는 뇌의 신경회로를 보상 시스템이라고 하고 도파민은 이 보상 시스템에서 매우 중요한 역할을 하는 호르몬입니다.

하지만 지나치게 쾌락을 추구하여 도파민이 너무 빈번하고 강하게 분비되면 뇌의 보상 시스템에 과부하가 걸립니다. 그러면 뇌는 이런 과부하에 대응하기 위해 도파민 수용체의 민감도나 수를 줄이게 되는데 이를 '내성'이라고 합니다. 내성에 빠진 뇌는 동일한 쾌락을 느끼기 위해 점점 더 강한 도파민 자극을 필요로 하게 됩니다. 이로 인해 일상적인 자극에서는 만족감을 느끼기 어려워지고 결국 쾌락중독과 같은 심각한 부작용에 빠지게 됩니다.

즉, 우리 주변에 이해가 안 될 정도로 지나치게 쾌락을 추구하는 사람들은 알고 보면 쾌락 덕분에 행복한 것이 아니라, 그렇게까지 해야 겨우 일반적인 사람 수준의 쾌락을 느끼는 지경에 빠진 것일 수도 있습니다.

앞서 언급한 배진수 작가의 「퍼펙트 월드」의 주인공이 점점 불행의 나락으로 떨어진 이유도 이런 도파민 시스템으로 일부 설명이 가능합니다. 따라서 이런 도파민 시스템을 적절히 자극하고 안정적인 상태를 유지하는 것이 행복과 정신적 건강에 중요합니다. 즉, 쾌락은 적당히 추구해야만 뇌의 보상 시스템이 균형을 유지하며 건강한 행복감을 누릴 수 있습니다.

앞의 두 이야기는 행복을 위한 쾌락과 고통의 균형에 대한 많은 생각을 하게 합니다. 행복한 삶을 위해서는 무작정 쾌락을 좇아서도 안 되며 무작정 고통을 피해서도 안 된다는 교훈을 얻을 수 있습니다. 이 점에서 영국의 철학자 버트런드 러셀이 내린 행복의 정의는 참으로 의미심장합니다. "행복한 사람은 적당한 식욕을 느끼고 적당한 양의 음식을 맛있게 먹는 사람과 비슷하다."

굉장히 단순한 것 같지만 곱씹을수록 깊은 맛을 풍기는 표현입니다. 이 문장은 적당함이란 개념에 대한 근본적인 통찰을 담고 있습니다. 많은 사람들은 '적당함'이란 개념을 마치 '양보하고 타협'하여 절충안을 찾는다는 의미로 이해합니다. 최선에 도달하려다 보면 타인과의 분쟁이 일어날

여지가 있으니 어쩔 수 없는 차선책이 '적당함'이라고 이해합니다. 하지만 버트런드 러셀이 말하는 '적당함'이란 개념은 양보나 타협이나 차선책이 아니라 '최선 그 자체'라는 의미에 가깝습니다.

맛있는 음식을 싫어할 사람은 없습니다. 그렇다면 음식을 많이 먹을수록 행복한 것일까요? 당연히 그럴 리가 없지요. 음식을 너무 많이 먹으면 소화불량, 복통, 구토가 몰려오며 오히려 극심한 고통을 겪게 됩니다. 반대로 음식을 너무 적게 먹어도 고통을 겪게 됩니다. 음식은 적당량 먹는 것이 최선이지요. 이는 남을 위한 타협이나 양보가 아니라 내가 속 편하기 위해 식사량을 조절하는 것뿐입니다. 이처럼 사소한 식사행위 속에서도 중용의 도道를 발견할 수 있습니다.

실제 인체는 생물학적으로도 '적당함'에 최적화되어 있습니다. 혈압은 높아도 낮아도 안 되며 적당해야 합니다. 혈당은 높아도 낮아도 안 되며 적당해야 합니다. 심지어 만병의 근원 같은 스트레스도 높아도 낮아도 안 되고 적당해야 합니다. 인체는 호흡·순환·대사·소화 등의 다양한 작용을 저절로 조절하는 자율신경계라는 특수한 신경 시스템을 통해 이러한 균형을 유지합니다. 자율신경계는 우리 몸을 적당한 상태로 유지하기 위해서 끊임없이 저절로 작동하고 있습니다. 자동조절 작용이 한쪽으로 폭주하지 않도록 자율신경계는 절묘하게 정반대의 작용을 하는 2종류의 신경으로 구성되어 있는데 이를 각각 교감신경과 부교감신경이라고 합니다.

교감신경은 위험상황에서 활성화되며 전투태세에 가깝게 몸을 예열

시킵니다. 기관지를 확장시켜 산소를 많이 들이마실 수 있게 하고, 심장을 빨리 뛰게 하고, 간에서는 에너지의 원료가 되는 포도당을 방출하게 합니다. 전투에서는 크게 중요하지 않은 소화기관의 기능은 떨어집니다. 원시시대로 비유하자면 짐승을 만나서 싸우거나 도망가야 하는 상황에서 작동하는 신경이지요. 반면 부교감신경은 스트레스가 없는 편안한 상황에서 휴식을 취하거나 식사를 하는 상황에서 활성화되어 심신을 이완시키고 소화나 배설을 촉진시키는 작용을 합니다. 부교감신경이 활성화되면 기관지는 다시 축소되고, 심장은 느리게 뛰고, 소화기관의 기능이 촉

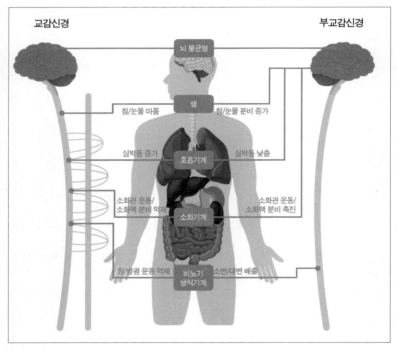

교감신경과 부교감신경

출처: https://mindwell.kr/?S=자율신경+검사+스트레스+측정

진됩니다. 이 역시 원시시대로 비유하자면, 아무런 위험요소가 없는 동굴 안에서 늘어지게 쉬는 상황에서 작동하는 신경입니다.

원시시대라면 위험상황이 워낙 많으니 교감신경의 작동이 매우 중요하다고 할 수 있으나 현대 사회에서는 그 중요성이 상대적으로 떨어집니다. 하지만 과도한 업무, 분쟁, 수면부족 등 고통을 초래하는 상황도 우리의 뇌는 전투태세와 비슷한 상황으로 인식하여 교감신경이 작동하는데, 이때 만병의 근원으로 불리는 스트레스 반응이 활발해집니다. 현대인의 상당수는 이러한 교감신경계가 만성적으로 활성화되어 스트레스 반응으로 인한 괴로움을 겪습니다.

그렇다면 고통과 스트레스를 피해 휴식을 취하며 부교감신경의 활성화에 최대한 집중하면 만병의 고통에서 해방될 것 같지만, 우리 몸은 절대 그리 단순하지 않습니다. 부교감신경이 지나치게 활성화되면 무기력감, 의욕상실, 저체온, 수족냉증, 저혈압 등의 문제가 생깁니다.

즉, 우리 몸은 고통이 너무 많아도, 너무 없어도 문제가 생기며 적당함을 지켜야 최적의 상태가 유지되는 것이지요. '적당함'은 양보나 타협이 아니라 '최선'이라는 점은 도덕 윤리를 떠나 인체를 기준으로 봐도 확인되는 생물학적인 사실입니다.

사회적 측면에서도 우리 유전자는 적당함을 추구할 때 행복을 느낄 가능성이 높습니다. 서은국 교수는 행복이란 감정은 우리 뇌가 주인을 생존에 유리한 조건으로 이끌기 위한 보상체계라고 설명합니다. 인간은 주변에 융화되어 사회적 관계를 잘 맺을 때 생존확률이 급격히 높아지기 때문에, 사회적 행동을 할 때 우리 뇌는 주인이 행복을 느끼게 합니다. 사회화에 방해가 되는 성격은 높은 확률로 도태되었을 것이고, 주변과 잘 어우러지는 적당한 배려심을 가진 사람이 후대까지 유전자를 남겼을 가능성이 높습니다. 우리는 그런 선조들의 DNA를 물려받은 후손입니다. 따라서 우리가 다른 사람들에게 적당히 양보하고 절제하는 것은 행복을 일부 포기하는 것이 아니라 '가장 적극적인 행복 추구'의 길일 수 있습니다.

제임스 러브록은 저서 『가이아』에서 이러한 적당함의 중요성을 전 지구적인 스케일로 더 확장해서 해석합니다. 그는 인간은 지구 만물과 적당한 조화를 유지할 때 행복감을 느끼도록 진화했다고 주장합니다. 왜냐하면 지구 전체는 어떤 의미에서는 오랜 세월 동안 진화해 온 일종의 단일 생명체와도 같기 때문입니다.

지구의 모든 생물과 무생물들이 함께 어우러져 지구 전체의 조화를 이룬다는 것은 엄연한 지구과학적 사실입니다. 수많은 동물들이 산소를 소모하지만 대기권의 산소 농도는 항상 21%를 유지하고 있으며, 바다에는 끊임없이 염분이 유입되지만, 바닷물은 생물이 생존할 수 있는 약 3.5%의 염도를 유지하고 있습니다. 지구는 까마득한 세월 동안 수많은 생물과 무생물이 어우러져 온도, 수분, 양분, 에너지, 산도, 염도 등 다방면으로 마치 인체의 항상성처럼 극도로 정교한 균형을 이루고 있습니다. 지구상의 생명체 하나하나가 지구의 세포에 해당한다고 봐도 될 정도이지요.

인체의 세포는 방사선, 화학약품, 바이러스 감염 등으로 심각하게 훼손되어 암세포로 변할 가능성이 있을 경우 세포가 자살하여 전체 개체를 보호하는 세포자연사라는 메커니즘이 있습니다. 자연에서도 특정 종이 주변의 생태계와의 균형을 깨뜨릴 경우 먹이 부족 등으로 개체수가 급감하는 현상이 종종 관찰됩니다.

각각의 생명체를 지구라는 거대 단일 생명체의 세포처럼 본 러브록의 입장에서는 지구 조화를 파괴하는 개체가 출현할 경우 전 지구적인 힘이 그 개체를 도태시키기 위한 압력을 가하는 것이 당연합니다. 러브록은 인간이 다른 생물들 사이에서 적당히 균형 잡힌 관계를 이룰 때 만족하는 감정은 지구 시스템이 인간을 조율하기 위한 보상이라고 하였습니다. 서은국 교수와 비교했을 때 인체 내부냐 지구 전체냐 하는 범주의 차이일 뿐, 행복이란 감정을 '인간을 격려하기 위해 베풀어지는 보상'이라는 수단으로 본 근본적 관점은 비슷합니다. 또한 러브록은 인간이 '적당함과 균형'을 아름답다고 여기는 감정 역시 우리의 생존에 유리하게 작용하도록 진화한 본능이라고 말합니다. 때문에 인간은 자연 속에서 균형을 이루는 것을 본능적으로 아름답게 느끼고, 이러한 감정은 궁극적으로 우리와 자연 사이의 조화를 유지하게 하는 중요한 역할을 한다고 덧붙였습니다.

상선약수

上善若水

최고의 선은 물과 같다

최고의 선(善)은 물과 같다.

물은 누구와도 다투지 않으며, 억지로 무언가를 하지 않는다.

그러면서도 만물을 이롭게 한다.

또한 물은 모두가 꺼리는 낮은 곳에 몸을 두고자 한다.

그래서 도(道)에 가깝다.

도(道)를 체득한 사람은 물처럼 다투거나 경쟁하지 않는다.

그래서 아무도 그를 비난하지 않는다.

_노자, 『도덕경』 8장

1980년대에 출시된 이후 한국에서 오랜 시간 사랑받아 온 보드게임 '부루마불'은 플레이어가 세계 여러 도시를 방문하며 경제활동을 통해 자산을 늘리고 상대방을 파산시키는 것을 목표로 합니다. 더 나아가 후속작 '부루마불 우주여행' 편은 이러한 세계관을 우주로 확장하여 다양한 우주공간까지 탐험하는 간접경험을 제공했습니다. 덕분에 어린이를 비롯한 많은 사람들이 부루마불을 통해 자연스럽게 세계·지구·우주에 흥미를 갖게 되기도 했지요.

이 부루마불이라는 보드게임의 명칭은 'Blue Marble'을 당시 한국식으로 발음한 것입니다. 파란 구슬이라는 의미의 'Blue Marble'은, 1972년에 우주선 아폴로 17호가 달로 날아가던 도중 지구로부터 약 2만 9,000km 떨어진 우주에서 촬영한 지구 전체 사진의 이름이기도 합니다. 인류가 최초로 동그란 지구 전체를 고해상도의 선명한 컬러로 담아내는 데 성공한

Blue Marble

출처: NASA

이 사진은 푸른 바다와 하얀 구름이 어우러진 지구의 모습으로 수많은 대중과 과학자들을 매혹시켰습니다. 이 사진 덕분에 사람들은 지구를 'Blue Marble'이라는 애칭으로 부르기 시작했습니다.

지구가 Blue Marble이라고 이름 붙여진 이유는 두말할 것 없이 물 덕분입니다. 현재까지도 지구는 생명체가 발견된 유일한 천체이며, 지구가 생명체를 잉태할 수 있었던 핵심 비결 중 하나는 바로 풍부한 물입니다. 바다는 전 지구 표면의 약 70.8%를 뒤덮으며 최초의 생명이 태어날 수 있었던 요람이자 현재에도 모든 생명을 유지하고 보살피는 어머니 역할을 하고 있습니다.

태초의 원시 지구는 고열과 방사능으로 들끓었고, 곳곳에서 지진과 화산활동이 빈번했으며, 당시 지구는 태양으로 인한 강렬한 고온과 자외선에 노출되어 있었습니다.

최초의 생명이 어떤 원리로 생겼는지는 아직도 명확히 알 수 없지만, 그 생명은 가혹한 지구의 기후환경에서 보호받을 수 있고 수분이 풍족한 바다 속에서 시작되었으리라는 주장이 대세입니다. 하지만 바다는 최초의 생명을 탄생시킨 것을 넘어 현재까지도 지구의 모든 생명을 지켜주고 보살피고 있습니다.

바다는 지구라는 거대한 증기기관의 한 부분으로서, 태양열을 흡수하고 해양순환을 통하여 에너지를 지구의 구석구석까지 골고루 분산시키는 막중한 역할을 담당합니다. 또한 바다는 비열이 커서 천연의 온도 조절장치 역할을 하기도 합니다. 게다가 거대한 기체 저장고이기도 해서 우리가 호흡하는 공기의 조성을 통제하고 해양생물들에게는 안정된 생활환경을 제공하는 등 생물권의 유지에 막대한 역할을 합니다.

물론 생명체의 유지에 물이 중요하다는 것은 지극히 당연한 사실이라 물의 작용에 대해서 설명하는 것은 식상하게 느껴질 수 있습니다. 때문에 이번에는 약간 관점을 바꿔서, 물이 이런 중요한 역할을 할 수 있었던 비결이 뭔지, 물이 가진 독특한 특성을 중심으로 이야기를 풀어보고자 합니다.

뚱딴지같이 들릴 수 있지만, 사실 지구에는 물이 그다지 많지 않습니다. 거대한 파도가 몰아치는 끝없는 해수욕장을 본 사람이라면, 그게 무슨 말 같지도 않은 소리냐고 따질 수도 있습니다.

그러나 지구의 모든 물을 한곳에 모아놓은 모습을 표현한 아래의 과학 일러스트를 보면 우리의 고정관념이 산산조각 나게 됩니다. 만약 지구의 크기가 야구공만 하다면, 지구상의 모든 물의 부피는 그 야구공 위에 있는 작은 물방울 하나 정도에 불과합니다. 실제로 지구의 모든 물을 한데 모으면 그 크기는 지름 약 1,385km로, 이는 미국의 텍사스주 정도의

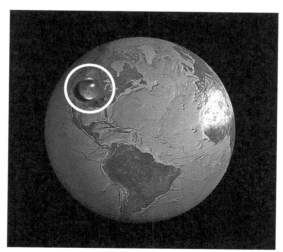

지구의 물을 한곳에 모아놓은 모습

출처: www.usgs.gov/special-topics/water-science-school/science/how-much-water-there-earth

상선약수

길이에 불과합니다.

　인간의 기준으로 볼 때는 바다 속 밑바닥은 범접할 수도 없이 깊어보이지만 지구 전체 바다의 평균 깊이는 약 3.7km로, 지구 전체의 평균 반경인 6,371km에 비하면 그야말로 농구공에 살짝 긁힌 흠집 정도의 깊이에 불과합니다. 즉 바다란, 앞쪽 그림과 같은 한 방울의 물이 지구 곳곳에 종잇장처럼 얇고 정교하게 펼쳐진 상태라 볼 수 있습니다. 지구 전체에 비하면 그 양이 미미하지만 온갖 땅 구석구석에 골고루 스며들어 있기에, 생명과 지구환경의 균형을 유지하는 핵심적인 역할을 할 수 있는 것입니다.

　하지만 바다가 이렇게 전 세계에 고루 분포하기 위해서는 물은 철저히 유연하게 중력에 순응하고 낮은 곳을 향해 흘러야만 합니다. 물이 조금만 뻣뻣하거나 낮은 곳으로 흐르려 하지 않고 고집을 부려 그 자리에 머물거나 오히려 역행하여 상류로 올라가려고 한다면, 그저 작은 웅덩이나 개천 정도밖에 되지 못했을 것입니다.

　물은 중간에 바위 등의 장애물을 만나도 다투지 않고 옆으로 묵묵히 돌아가며 끊임없이 낮은 곳으로 흐르고 흘러, 결국에는 온 대륙과 생명을 감싸는 거대한 바다가 됩니다. 다시 강조하자면 생명을 지켜주고 길러주는 물의 힘은 지극히 부드럽고 연약하고 다투지 않고 모든 것에 순응하는 성질에 의해 발휘됩니다.

물의 또 다른 흥미로운 성질은 고체가 되면 오히려 밀도가 감소한다는 점입니다. 대부분의 물질은 기체에서 액체가 될수록, 액체에서 고체가 될수록 농축되며 밀도가 증가합니다. 고체가 될수록 물질을 이루는 분자 간 거리가 감소하고, 분자끼리의 인력이 더 강해져 서로를 끌어당기며 압축되기 때문입니다. 하지만 물은 얼게 되면 분자들이 육각형 격자구조를 형성하며 분자 사이에 오히려 빈 공간이 많이 생기게 되고, 따라서 질량은 변함이 없지만 부피는 증가하며 결과적으로 밀도가 감소하게 됩니다.

우리 인생과 연관 없는 사소한 성질 같지만 이러한 물의 성질이 아니었다면, 이미 오래전 겨울에 대다수의 생물들은 멸종했을지도 모릅니다. 물은 고체, 즉 얼음이 될수록 밀도가 감소하며 가벼워지기 때문에 위로 떠오르며 표면에서부터 얼어붙는 성질이 있습니다. 한겨울에도 강, 호수, 바다가 표면에서부터 얼어붙기 때문에 얼음이 외부의 찬 공기를 막아

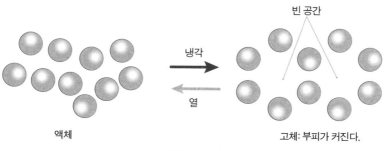

물의 부피 변화

주는 단열작용을 하게 되고, 아래까지 냉기가 퍼지지 않아 수중 생태계가 보호받게 됩니다. 즉, 추워진 자신을 표면으로 올려 보내 최전방에서 추위를 온몸으로 대신 받아주는 물의 희생정신이 지구의 생물들을 살린 셈입니다.

물은 불을 끄는 데에도 종종 활용되는데 그 이유는 매우 단순합니다. 물은 불에 타지 않는 물질이기 때문입니다. 끓어서 증기가 될지언정 타지는 않습니다. 단순히 액체라서 불에 안 탄다고 생각하기에는 기름, 알코올 등 불에 잘 타는 다른 액체도 많기에, 곰곰이 생각해 보면 불에 절대 타지 않는 물질이라는 점은 흥미로울 수밖에 없습니다. 그렇다면 물이 불에 타지 않는 이유는 무엇일까요? 바로 물의 화학적 특성 때문입니다.

물은 2개의 수소원자와 1개의 산소원자가 결합하는 과정에서 많은 에너지를 방출하며 생성된 매우 안정된 물질입니다. 물은 화학적으로 봤을 때는 소각장에 타고 남은 잿더미와 같은 연소의 최종 산물이지요. 연소는 물질이 산소와 반응하여 에너지를 방출하는 화학 반응인데, 물은 만들어질 때 수소와 산소가 결합하며 이미 최대의 에너지를 방출한 상태이기에 더 이상 산소와 반응할 추가적인 에너지가 없습니다. 즉 수많은 재산과 인명 피해를 유발하는 공포의 화마(火魔)를 제압할 수 있는 절대적 천적인 물의 비결은 더 이상 태워질 에너지 자체를 가지지 않는 이른바 '무소유'인 것입니다.

하지만 물의 '무소유적' 특성은 고작 불을 끄는 데 그치지 않고, 모든 생명을 보호하고 유지하는 근원적인 역할을 합니다. 물이 '더 이상 태워질 에너지를 가지지 않는 무소유 상태'라는 표현은 달리 말하면 화학적으로 매우 안정된 상태임을 의미합니다.

일반적으로 화학에너지가 많은 물질은 화학적으로 불안정하여 에너지를 방출하며 다른 물질을 변화시키거나 스스로 변화하려는 경향이 있습니다. 화학에너지가 많은 액체인 기름과 알코올에 불이 붙으면 막대한 열과 빛을 방출하는 이유이지요. 하지만 물은 상대적으로 화학에너지가 매우 적은 안정된 물질이므로 일반적인 조건에서는 주변 물질을 거의 변화시키지 않습니다. 뒤쪽의 도표를 보면 사실 인체는 거의 물주머니라고 봐도 될 정도로 세포 구석구석까지 물이 가득 차 있습니다. 만약 물이 화학에너지가 많고 불안정한 액체였다면 우리 몸의 단백질, DNA, RNA 등의 각종 생체분자는 진즉에 변질되고 파괴되어 인간은 연체동물처럼 녹아내렸을 것입니다.

노자는 자신의 에너지를 낮추고 남에게 간섭하지 않는 물 같은 리더십을 강조했습니다. 그는 군주의 등급을 네 단계로 분류했는데, 최악의 등급은 권모술수로 백성을 우롱하는 군주이며, 그 위는 위압적으로 백성을 굴복

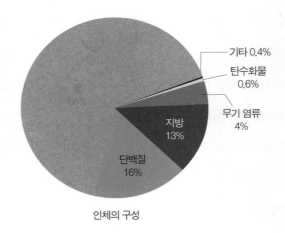

기타 0.4%

탄수화물
0.6%

무기 염류
4%

지방
13%

물
63%

단백질
16%

인체의 구성

시키는 군주, 그 위는 인(仁)과 덕(德)으로 백성을 다스리는 군주라 했습니다. 마지막으로 최상위 등급의 군주는 다스림이 너무나 조용하고 자연스러워서 백성들이 그의 존재를 인지조차 못할 정도로 '물처럼 있는 듯 없는 듯한' 경지에 도달한 군주라 했습니다.

요즘 시대는 강한 것을 더 강한 힘으로 제압하고 단단해져야만 살아남을 수 있는 약육강식의 경쟁사회인 것 같지만, 아이러니하게도 이 세상의 모든 생명은 가장 부드럽고, 유약하고, 겸손한 물이라는 존재 덕분에 생존할 수 있습니다. 심지어 그럼에도 물은 자신의 공을 눈곱만큼도 내세우거나 자랑하지도 않습니다.

노자는 자연의 이치를 수천 년 전에 통찰하며 유연하고 스스로를 낮추는 존재가 진정 강하고 오래가는 것이라고 했고, 그 결정체인 물을 '좋은 것 중의 으뜸'이라 하여 상선약수(上善若水)라고 했습니다. 또한 사람도 마땅히 물을 본받아 부드럽고, 유약하고, 겸손하게 행동하는 것이야말로 본인은 물론 세상을 조화롭게 만드는 지름길이라 보았습니다.

제행무상

諸行無常

세상 모든 것은 끊임없이 변한다

삶과 죽음, 지킴과 잃음, 운수의 막힘과 트임, 가난과 부유함, 똑똑함과 어리석음,
비난과 칭찬, 굶주림과 목마름, 추위와 더위 등은 모두 현상의 변화이며
운명의 한 모습이다.

이것들은 끊임없이 변화하며 우리 앞에 펼쳐지지만,
인간의 지혜로는 그 인과관계를 알 방법이 없다.

_장자, 『장자』 덕충부

많은 사람들이 인생의 힘든 시기에 "이 또한 지나가리라."라는 위로의 문장을 들어봤을 것입니다. 이 문장의 기원에 대해서는 학자들 간에 의견이 분분하지만, 널리 알려진 일화 중 하나는 다음과 같습니다.

이 또한 지나가리라

이스라엘의 다윗왕이 어느 날 궁중의 반지 세공사를 불러 명령했다.

"나를 위한 아름다운 반지를 하나 만들어라. 그리고 거기에는 내가 승리했을 때 교만하지 않게 하고, 내가 시련에 빠졌을 때 용기를 줄 만한 글귀를 하나 새겨 넣어라."

이에 반지 세공사는 반지의 글귀 때문에 몇날 며칠을 고민하다가 지혜롭기로 소문난 왕자 솔로몬에게 간곡히 지혜를 요청한다.

그때 솔로몬 왕자가 일러준 글귀가 바로 "이 또한 지나가리라."이다.

이 문장이 특히 명언으로 인정받는 이유는 전혀 다른 두 가지 상반된 상황에 모두 절묘하게 들어맞기 때문입니다.

많은 사람들이 주로 슬프고 힘들 때 이 문장을 많이 접하기 때문에, "이 또한 지나가리라."라는 의미를 고통은 언젠가는 지나갈 것이라는 뜻으로만 여길 수 있습니다. 하지만 이 문장에는 기쁘고 행복한 순간 역시 언젠가는 지나갈 것이니 자만하지 말라는 경고도 담겨 있습니다. 이러한 이중적 의미 덕분에 "이 또한 지나가리라."는 사람들에게 깊은 인상을 남긴 절묘하고 심오한 명언이 될 수 있었습니다.

하지만 지나가는 것이 어디 슬픔과 기쁨 두 가지 뿐이겠습니까? 장자는 이 세상 모든 것을 끝없이 변화하는 자연현상의 일부로 보았습니다. 현대 과학의 기준으로 봐도 이 세상의 모든 현상은 원자들이 모였다 흩어지는 현상에서 비롯되며 끊임없이 변하고 있다는 것이 확인 가능합니다. 실제로 세상 무엇을 관찰해 보더라도 변하지 않는 것을 찾기란 어렵습니다. 동물은 말할 것도 없고 평생 묵묵히 자리를 지키는 식물도 끊임없이 바람에 흔들리고 줄기 안쪽으로 물을 끌어올려 잎으로 보내는 등, 동물 못지않게 치열하게 외부환경에 반응하며 생존하고 있습니다. 변치 않을 것 같은 바위산도 실제로는 바람과 물에 깎이며 그 모양이 변해가고 있습니다. 주변을 관찰하며 하나하나 소거해 가다 보면 마지막에 남는 것은 하늘의 태양입니다. 같은 크기와 밝기를 유지하며 지구까지 생명의 온기를 전해주고, 매일 같은 시간에 떠오르고 지는 칼같이 규칙적인 모습에 수많은 조상들이 태양을 신으로 숭배할 정도였으니 말입니다.

그러나 태양 역시 자세히 관찰해 보면 그 어떤 것보다도 역동적인 변화의 덩어리입니다. 태양은 자신을 구성하는 수소를 소모하며 핵융합 에너지를 생산하는데, 단 1초간 뿜어내는 에너지만으로도 지구 전체 인류가 수십만 년을 사용할 수 있을 만큼 그 양이 막대합니다. 또한 이런 엄청난 양의 에너지를 뿜어내다 보니 태양은 매초 420만 톤의 질량이 소실되는 큰 변화를 겪습니다. 다만, 태양 자체가 워낙 거대한 에너지 덩어리인지라 평생 동안 소실되는 질량은 전체의 0.1%도 되지 않는다고 하니 역시 우주의 스케일은 언제나 인간의 상상을 초월합니다.

하지만 태양도 언젠가는 수명을 다하게 됩니다. 예상 수명은 100억 년 정도이고, 현재 나이는 약 46억 년이니 인간으로 치면 중년기에 해당하지요. 까마득한 시간이 흘러 노년기에 접어들면 태양은 '적색거성'이라는 상태로 변합니다. 현재의 태양은 중심핵의 수소를 연료로 사용하고 있는데 50억 년이 지나면 중심핵의 수소가 고갈되고 대신 중심핵을 둘러싼 껍질부의 수소를 연료로 사용하기 시작합니다. 이때 발생하는 에너지로 인해 태양의 바깥층은 급격히 팽창하고, 표면온도는 상대적으로 낮아지며 붉은 빛을 띠게 되는데, 이 상태를 '적색거성'이라고 합니다. 단어만 들어서는 실감이 나지 않겠지만, 어떤 천체가 적색거성 단계에 진입하면 그 크기의 증가량은 상상을 초월합니다. 태양이 적색거성이 되면 1억 5,000만 km나 떨어진 현재의 위치에서 지구까지 닿을 정도로 팽창하며 태양계 행성들을 집어삼키리라는 예측도 있을 정도니까요.

지구 최후의 날

태양에 비하면 훨씬 작고 갈대처럼 흔들리기 쉬운 인간이지만, 우리는 무의식적으로 '나'라는 존재가 고정된 불변의 실체라고 종종 착각하게 됩니다. 하지만 장자는 '나' 역시 자연현상의 일부일 뿐이며, 기가 모였다 흩어지는 변화무쌍한 과정의 하나일 뿐이라고 했습니다.

우리는 육체와 정신을 구성하는 집합체를 '나'라고 하지만, 구석구석

제행무상

뜯어보면 어디까지가 '나'이고 어디까지가 '남'인지 구분하기가 매우 어렵습니다.

내가 체중계에 올라갔더니 몸무게 60kg으로 측정됐다고 해봅시다. 하지만 이 60kg의 덩어리를 '나'라고 할 수 있을까요? 대부분의 사람들은 이를 부정하지 않겠지만, 사실 우리 몸에는 약 39조 마리의 미생물이 살고 있으며, 그 무게만도 약 1~2kg에 달합니다. 그렇다면 이 미생물들은 '나'에 포함될까요?

백 번 양보해서 미생물은 나름의 자아가 있으니 남이라고 치면, 내 세포를 구성하는 화학성분은 어떨까요? 지구상의 모든 생명체를 구성하는 6가지 필수원소 중 하나인 탄소(C)를 기준으로 살펴봅시다. 탄소는 당연히 내 몸을 구성하고 나의 지배를 받는 나의 일부인 것 같지만, 탄소가 돌고 도는 모습을 관찰해 보면 지구라는 카지노 안에서 탄소라는 칩이 끝없이 돌고 도는 상황과 같습니다(단, 베팅을 하면 할수록 카지노에 지급하는 수수료로 인해 전체 손님들의 칩은 야금야금 줄어드는 실제 카지노와는 달리, 생태계의 순환은 칩의 손실이 거의 없는 상부상조의 '기브앤드테이크'라고 할 수 있습니다).

식물은 대기 중의 이산화탄소(CO_2)를 양분으로 빨아들인 후 광합성을 통해 동물의 핵심 영양분인 탄수화물을 합성합니다. 동물은 그러한 탄수화물을 섭취하여 에너지원으로 사용하는데, 그 노폐물인 이산화탄소는 날숨으로 배출되니 탄소는 다시 대기 중으로 돌아옵니다. 체내에 탄소를

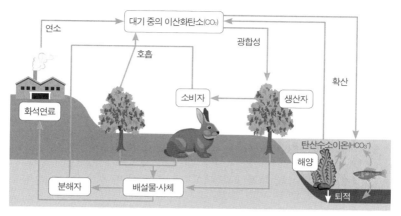

탄소의 순환

저장한 식물이나 동물이 죽어서 땅에 묻히면 세균, 곰팡이 등의 미생물들이 사체를 분해하는데, 이 과정에서 발생하는 이산화탄소를 통해 탄소는 다시 대기 중으로 돌아옵니다. 하지만 동식물 사체를 구성하는 탄소가 모두 이산화탄소로 분해되어 대기로 돌아오는 것은 아니며, 일부는 탄소화합물 상태로 땅속 깊이 묻힙니다. 여기까지만 보면 땅에 묻혀버린 탄소들은 이제 영영 우리와 만나지 못할 것만 같습니다.

하지만 동식물의 사체는 지하에서 높은 열과 압력에 의해 변환되면서 석탄이나 석유가 되고, 이러한 화석연료는 먼 훗날 인간이 사용하게 되는데, 이때 방출되는 이산화탄소의 형태로 탄소는 죽지도 않고 다시 살아서 대기 중으로 돌아옵니다. 대기 중의 이산화탄소가 빗물과 결합하면 탄산염이라는 화학물질이 되는데, 이렇게 빗물과 같이 바다로 흘러간 탄산염을 원료로 하여 조개 등의 바다생물은 석회질로 이뤄진 껍데기를 생성합니다. 우리가 먹고 뱉던 탄소가 이제는 조개껍데기가 된 것입니다. 조개가 죽으며 껍데기와 같이 바닥에 가라앉아, 이번에는 정말로 영영 만나지 못할 줄 알았던 탄소는 지구의 맨틀층으로 이동한 후 화산폭발에 의해 분출되어 다시 대기로 돌아옵니다.

만화가 래리 고닉은 "지금 내 코에 있는 탄소원자가 예전에 세뿔공룡의 발톱이었을지도 모른다."는 농담을 한 적이 있는데, 실제로 과학적으로 살펴보면 이 말은 농담이 아닌 진실일 확률이 매우 높습니다.

같은 생명체의 필수원소이지만 인(P)의 순환은 조금 더 복잡합니다. 인은 상온에서 주로 고체 형태로 존재하기 때문에 기체 형태로 쉽게 이루어지는 탄소의 순환보다 난이도가 높습니다. 그래서 주로 공기보다는 암석, 물, 생물을 더 집중해서 살펴봐야 합니다. 인은 아주 오래전부터 퇴적되어 형성된 인회암이라는 암석에 많습니다. 이 인회암 속의 인이 물에 녹아 흙으로 스며들면 식물은 이를 흡수합니다. 동물이 식물을 먹고 배설하거나 죽으면 인은 땅에 묻히고, 바다동물의 배설물이나 사체 형태로 바다 깊은 곳에 가라앉아 묻히기도 합니다.

하지만 인은 생명체의 유지에 필수적인 물질이다 보니 이런 식으로 자꾸 땅과 바다 아래로 가라앉아 사라지면, 생태계는 이른바 '제로섬'보다

손해를 보는 상황에 처하게 됩니다. 어쩔 수 없이 지속적으로 생명체가 죽어줘야 하는 상황이 벌어질 수 있습니다. 하지만 다행히 이 세상의 수많은 물고기와 새 같은 동물들이 인이 바다나 땅 밑에 쌓이기 전에 열심히 먹고 뱉어가며 이리저리 옮겨줍니다. 즉, 인과 같은 필수원소가 여기저기 골고루 퍼지는 것은 무수히 많은 생명체 덕분입니다. 이러한 이치를 알게 되면 차에 붙은 새똥조차도 인의 순환과정 중 하나이니 고맙게 느껴질 수 있습니다.

생명은 얽히고설키고 기대며 굴러가기에 생물종의 다양성은 생태계 평형 유지에 매우 중요합니다. 생태계는 먹이그물이 복잡하고 촘촘하게 형성되어 있을수록 파괴에 대한 저항성이 높고 튼튼합니다. 단조로운 먹이그물 구조를 가진 생태계에서는 어느 특정 종이 멸종하게 되면, 전혀 관련 없어 보이는 나머지 생물종들도 연쇄적으로 멸종할 가능성이 높습니다. 우리는 그러한 나비효과를 예측할 수도, 예측하려 해서도 안 되기에 우리와 전혀 관계없어 보이는 생명체도 아끼고 귀하게 여겨야 합니다.

결론적으로 내 몸을 구성하는 각종 원소조차 나 혼자만의 것이 아니라 지구 전체의 생물들과 실시간으로 주고받으며 끊임없이 순환되고 있

제행무상

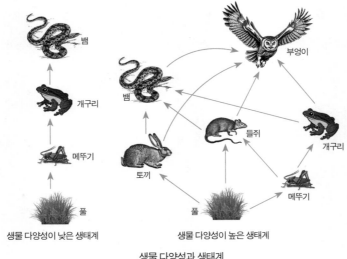

| 생물 다양성이 낮은 생태계 | 생물 다양성이 높은 생태계 |

생물 다양성과 생태계

는 공유물인 셈입니다. 우리 몸을 구성하는 원소들의 순환에 대해 깊이 생각해 보면, 우리 몸은 단순히 독립된 개체가 아니라 지구 전체 생태계의 일부임을 깨닫게 됩니다.

이 점에서 '나'라는 존재는 과연 무엇인지 다시 한번 고민하게 됩니다. 이와 비슷한 고민을 철학적으로 제시한 유명한 난제 중 하나가 바로 '테세우스의 배'입니다.

테세우스의 배

아테네인들은 미노타우로스라는 괴물을 죽이고 아테네에 귀환한 영웅 테세우스가 타던 배를 오랫동안 보존하기로 했다. 그들은 테세우스의 배의 판자가 썩으면 그 부분을 떼어내고 튼튼한 새 판자로 교체하기를 반복했다. 원래의 배에서 판자 한 조각을 갈아 끼운들, 이 배가 테세우스가 타던 배라는 것을 의심할 사람은 아무도 없을 것이다. 다른 낡은 판자 한 조각을 더 갈아 끼운들 큰 차이는 없을 것이다. 하지만 계속해서 낡은 판자를 새 판자로 갈아 끼우다 보면 어느 순간에는 원래 테세우스가 탔던 배의 조각은 하나도 남지 않을 것이다. 이런 상황에서도 이 배를 테세우스의 배라고 부를 수 있는가?

또한 이 배가 테세우스의 배가 아니라면, 과연 어느 시점에서부터 아니라고 말할 수 있을까?

여기에 잉글랜드의 정치철학자 토머스 홉스는 이 난제를 한 번 더 꼬아서 다음과 같은 고민거리를 더 안겨주었다.

- 처음에 수리했던 배를 배A라고 부르자. 그리고 배A에서 떼어낸 낡은 판자들을 버리지 않고, 그걸로 다시 테세우스의 배와 똑같이 생긴 배를 만들어 배B라고 부르자. 그렇다면 배A와 배B 중에 테세우스의 배는 과연 어떤 것인가?

그게 무슨 뚱딴지같은 소리냐며 호기롭게 접근하는 사람도 있겠지만, 곰곰이 따져볼수록 이 문제는 쉽게 해결되지 않는 깊은 철학적 혼란을 일으킵니다. 토머스 홉스의 가정에 따르면, 새로 탄생한 배B는 모든 부품이 처음 테세우스가 타고 출전했던 그 배와 완전히 똑같으므로, 구성부품으로 따지면 배B가 원품이고 배A가 오히려 복제품이라고 볼 수도 있기 때문입니다.

제행무상

신화와 철학자의 머리에서만 복잡하게 돌아가는, 현실과 아무 상관없는 이야기인 것 같지만, 사실 인체는 이미 테세우스의 배와 같은 작용이 일어나고 있습니다.

2021년 국제학술지 『네이처 메디신』에 발표된 연구에 따르면 우리 몸은 1초에 약 380만 개, 하루에 약 3,300억 개, 80일 정도 지나면 약 30조 개의 세포가 교체된다고 합니다. 인체의 전체 세포 수는 약 37조 개 정도 되니, 단순히 숫자만 따지면 80일 정도면 신체의 대부분이 교체되는 셈입니다. 또한 18개월마다 교체되는 세포 질량은 약 46kg에 달한다고 하니, 지금 이 순간에도 우리 몸이 얼마나 격렬히 변화하고 있는지 실감할 수 있습니다.

물론 뇌세포와 같이 거의 한평생 교체되지 않는 수명이 긴 세포도 있지만, 뇌세포 역시 변화가 아예 없다고 하기는 어렵습니다. 10년씩만 끊어서 인생을 돌이켜봐도, 과연 과거의 내가 지금의 나와 동일인물이 맞는가 싶은 생각이 들기 때문입니다. 0세 때의 저는 분명 수유시간을 5분만 넘겨도 얼굴이 터질 듯이 울었다는데, 지금의 저는 분유 5분 늦게 먹는 것이 왜 그리 절박했는지 도저히 이해할 수 없습니다. 10세 때의 저는 분명히 원씨 성을 가진 친구를 원숭이라 놀리며 키득키득 웃었는데, 지금의 저는 그게 왜 그리 웃겼는지 도저히 이해할 수 없습니다. 20세 때의 저는 알록달록 무지개 같은 옷과 라면 같은 뽀글이 파마를 좋아했는데, 지금의 저는 그때 왜 그런 패션을 하고 다녔는지 도저히 이해할 수 없습니다.

혹자는 영혼의 존재를 도입하여 이러한 자아 문제와 '테세우스의 배'의 역설을 간단하게 해결합니다. 나의 세포가 마구마구 바뀌어도 나의 영혼이 변함없기에, 나는 나라는 설명이 가능하다는 것입니다. 원래 테세우스가 타고 왔던 배A에 테세우스의 배의 영혼이 있으므로, 배A가 진정한 테세우스의 배라고 말하면 그만이므로 설명이 간단해집니다. 하지만 영혼의 존재는 철학적이고 종교적인 논의를 동반하기 때문에, 이 책에서 단정 짓기에는 지면이 부족할 정도로 논쟁의 여지가 많습니다. 그럼에도 불구하고 과학적으로 확실한 사실은, 내 몸과 정체성은 분명 끊임없이 변화하고 있다는 점입니다.

고대 그리스의 철학자 헤라클레이토스가 남긴 두 개의 어록은 이러한 제행무상의 핵심을 관통합니다.

"같은 강물에 두 번 발을 담글 수 없다."

"변하지 않는 것은 모든 것이 변한다는 사실뿐이다."

운출무심

雲出無心

구름은 아무 생각 없이 흐르듯 산다

인간은 결국 중국 전설 속의 명궁인 예(羿)의 과녁 안에서 노니는 것과 같소.

어떤 이는 화살을 맞지 않아 무사할 수도 있고,

또 어떤 이는 화살에 맞을 수도 있겠지만, 그것은 각자의 운명일 뿐이오.

덕이 높은 자만이 주어진 운명에 순응할 수 있소.

_장자, 『장자』 덕충부

인류의 수많은 현자와 영적 스승들은 제행무상(諸行無常)의 이치를 통찰하고 이를 바탕으로 근본 교리를 펼쳤습니다. 특히 불교에서는 제행무상을 핵심 교리 중 하나로 삼아 깊이 다룹니다. 제행무상, 즉 "이 세상 모든 것은 변한다."는 이치를 깨달은 사람은 예기치 못한 시련이 닥쳐올 때도 덜 당황할 수 있습니다. 세상이란 본디 변화무쌍하고, 언제 어떤 시련이 닥쳐올지 예측할 수 없다는 것을 알기 때문입니다. 또한 큰 시련 속에서도 희망을 품을 수 있는데, 어떤 시련이라도 결국에는 변하고 사라진다는 것을 알기 때문입니다.

불교에서는 이러한 제행무상에 대한 깨달음을 통해 "두 번째 화살을 맞지 마라."고 강조합니다. 첫 번째 화살이란 사람이 살면서 어쩔 수 없이 접하게 되는 고통과 시련을 뜻합니다(예를 들어 노화, 질병, 가족의 사망, 타인의 공격, 자연재해 등 그 종류는 이루 셀 수가 없겠지요). 그리고 두 번째 화살이란 이

첫 번째 화살을 맞은 후 마음속에서 우러나오는 분노, 억울함, 우울감 같은 감정을 의미합니다. 첫 번째 화살이 외부의 객관적인 사건이라면, 두 번째 화살은 그에 반응하며 내 마음속에서 우러나는 주관적인 현상에 가깝습니다.

『장자』에는 이와 비슷한 가르침을 담은 '빈 배' 이야기가 있습니다. 어떤 사람이 배를 타고 강을 건너고 있는데 어디선가 다른 배가 다가와 부딪힌다면, 그는 당연히 화를 내며 고함을 칠 것입니다.

그러나 그 배가 단지 강물에 떠내려온 빈 배임을 알게 된다면? 그는 배에 부딪힌 실질적 충격은 조금 받을지언정 타인에 대한 분노는 느끼지 않을 것입니다. 오히려 빈 배를 향해 욕을 퍼부었던 본인이 우습고 민망해서 너털웃음을 터뜨릴지도 모릅니다. 육체적으로 받은 충격은 동일하지만, 그 배에 사람이 있느냐 없느냐에 따라 정신적 반응은 이렇게 달라지게 됩니다.

이 세상은 예측 불가한 제행무상의 현장이기 때문에 첫 번째 화살, 즉 외부에서 오는 불가피한 시련과 충격을 통제할 수는 없습니다. 하지만 사람들은 무의식적으로 인생은 안정적이고 규칙적인 것이 당연하다 생각합니다.

매일 아침 평온히 일어나 삼시 세끼를 먹고, 사고 없이 출퇴근을 하

운출무심

며, 집에서 TV를 보다 잠드는 평범한 일상을 기본값으로 여기는 것이지요. 그러나 사실 세상을 이루는 원자들은 끊임없이 불규칙적으로 움직이고 뭉치고 흩어지기를 반복하기에, 우리가 일상을 평온하게 유지하는 것이 우주 전체로 보면 오히려 매우 특이한 사건입니다. 과학적으로 보면 현실은 언제나 불규칙적인 변화와 시련이 잠재되어 있기 때문입니다.

이처럼 비록 첫 번째 화살은 삶 속에서 피할 수 없지만, 두 번째 화살(마음속에서 비롯되는 주관적 고통)로 인해 고통의 불씨가 커져가는 상황만큼은 통제하는 것이 바람직합니다. 물론 객관적 고통(첫 번째 화살)과 주관적 고통(두 번째 화살)을 분리하는 것이 정말 가능할지 의문이 들 수 있지만, 인체가 신경학적으로 통증을 느끼는 메커니즘은 '두 번째 화살' 이야기와 놀라울 정도로 유사합니다.

통증의 정확한 의미는 무엇일까요? 국제통증연구학회(IASP)는 통증을 '실질적인 혹은 잠재적인 조직 손상과 연관되어 표현되는 감각적, 정서적으로 불쾌한 경험'이라고 정의합니다. '아프다'는 의미를 모르는 사람도 없는데, 도대체 통증이란 단어의 정의는 왜 이렇게 복잡한 것일까요? 그것은 통증이라는 현상은 의외로 객관적인 것이 아니라 지극히 주관적인 영역이기 때문입니다.

의료계에서 일하는 사람들은 많이들 공감하겠지만, 환자가 호소하는 통증은 손상의 정도와 비례하지 않는 경우가 많습니다. 어떨 때는 환자의 손상과 호소하는 통증이 거의 반비례하는 것처럼 보일 때도 많습니다.

실제로 문헌에도 이러한 사례들이 자주 등장합니다. 제2차 세계대전 당시 군의관으로 참전한 비처는 복부, 흉부, 두부 관통상이나 복합골절 등 심각한 부상을 입은 병사의 약 4분의 3이 통증을 거의 느끼지 않는다는 사실에 충격을 받았습니다. 칼렌 등은 제4차 중동전에서 심한 부상을 입은 병사들은 정작 통증을 거의 호소하지 않는 데 비해, 같은 수준의 손상을 입은 일반 시민들은 극심한 통증을 호소하는 현상을 관찰했습니다.

이는 우리가 일반적으로 생각하는 것과 달리 통각신호는 절대로 처음 상태 그대로 뇌까지 전달되지 않기 때문입니다. 문지방에 발가락을 찧었을 때 발생한 통각신호가 뇌까지 전달되는 과정을, 부산에서 서울까지 쌀 한 가마니를 배달하는 과정에 비유해 보겠습니다. 물론 현대 사회에서는 택배로 부산에서 쌀 한 가마니를 보내면 그대로 서울에 도착합니다. 하지만 통각신호의 전달은 조선시대 보부상의 쌀 배달과 비슷합니다. 쌀 한 가마니를 지고 부산에서 출발했어도 도중에 산적에게 털리거나 귀인을 만나 쌀을 더 받는 등, 수많은 변수가 개입하여 원래의 쌀 한 가마니와는 완전히 다른 상태로 서울에 도착할 수 있습니다.

이처럼 통각신호도 뇌에 도달하기까지 심리 상태·신체 상태·환경적 요인·호르몬 등 수많은 변수에 의해 증폭되거나 감소되며 변화합니다. 결국 인체는 처음 출발한 통각신호를 그대로 느끼는 것이 아니라 중간중간 변화된 후의 최종 신호를 통증으로 인식하게 되는 것입니다.

이런 복잡한 통증의 조절과정을 모두 설명할 수는 없지만 극도로 단순화하면 아래 그림과 같습니다. 우리에게 입력된 감각신호는 상행성 신경을 통해 뇌로 전달되어야 하지만, 뇌는 모든 신호를 받아들이지 않습니다. 불필요하다 판단되는 정보는 하행성 신경을 통해 각종 억제물질을 분

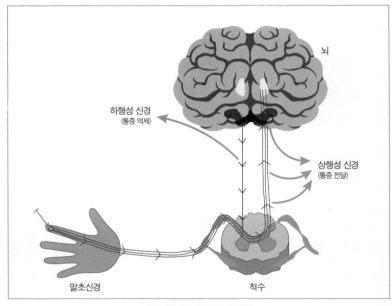

통증 발생과 억제 메커니즘

비해서 (대부분의 감각신경이 지나는 통로인) 척수에서 차단합니다.

이 덕분에 우리는 피부에 옷이 닿는 감각, 치아가 침에 젖는 감각, 양말이 발을 조이는 감각 등 일상생활 속 무수히 많은 불필요한 감각의 과잉에서 벗어날 수 있습니다.

이러한 하행성 신경은 통증을 억제하는 데도 중대한 작용을 하는데, 긍정적 혹은 부정적 감정 상태가 큰 영향을 미칩니다. 가짜 약을 먹었는데도 기대감·희망 등의 긍정적 감정으로 인해 통증이 없어지는 플라시보 효과도 이러한 하행성 신경을 통한 통증 억제 작용의 결과이지요. 반대로 분노·스트레스·불안·공포·우울·절망 등의 부정적 감정은 하행성 신경의 통증 억제 작용을 감소시켜 실제로 통증이 훨씬 더 심하게 느껴지게 합니다.

부정적 감정은 단순히 통증을 더 크게 만드는 것을 넘어서 신경계의 변성까지도 초래할 수 있는데, 이를 '만성통증'이라 합니다. 만성통증과 급성통증은 단순히 오래되었냐 아니냐로 분류되는 것이 아니라, 신경학적으로 완전히 다른 상태입니다.

급성통증은 실제 조직손상이 발생했을 때 발동되는 생명체의 정상적인 경고 시스템입니다. 급성통증이 없다면 인체는 뜨거운 라면에 구강점막이 녹아내려도, 길 가다 못을 밟아 파상풍에 감염되어도 인지하지 못할 것입니다. 즉, 급성통증은 생명의 유지에 없어서는 안 될 매우 중요한 통증이지요.

반면 만성통증은 감각을 전달하는 신경계가 변성되어 신경이 스스로 통증을 생산하는 상태에 가깝습니다. 그렇기에 신체가 지극히 안전한 환경에 있어도 이유 없이 쑤시고 찌릿하고 뻐근한 통증이 나타납니다.

또한 분노·스트레스·불안·공포·우울·절망 등의 부정적 감정은 신경의 민감도를 증폭시켜 만성통증을 악화시키며, 악화된 통증은 다시 부정적 감정을 심화시키는 악순환을 초래합니다. 급성통증처럼 생명의 유지에 도움을 주기는커녕, 만성통증은 극심한 불행감을 유발하여 수명을 갉아먹을 위험까지 있지요.

 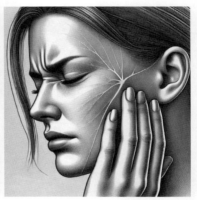

급성통증   만성통증(신경계의 변성)

만성통증은 앞서 비유한 두 번째 화살을 넘어 세 번째 화살이라고 볼 수도 있을 정도입니다. 현대 과학이나 의학을 접하지도 못했던 석가모니와 장자가 어떻게 이러한 신경생리학적 사실을 직관으로 통찰할 수 있었는지 놀라울 따름입니다.

과학적으로 봐도 분명 인체는 첫 번째 화살을 맞고 그에 대한 분노, 억울함 등을 품는 순간 두 번째, 세 번째 화살을 맞으며 증폭된 고통을 느끼게 됩니다.

그렇다면 우리는 첫 번째 화살을 맞고 난 후 어떻게 대처해야 할까요? 장자의 대답은 허무할 정도로 단순합니다. 하늘이 정해준 때를 편히 여겨 운명에 순응하는 것, 그렇게 한다면 슬픔과 즐거움이 끼어들 수 없게 된다는 것입니다. 한국보건사회연구원의 보고서인 『한국인의 행복결정요인과 행복지수에 관한 연구』에서도 순응적 가치관이 행복의 중요한 이유로 빈번히 보고되었습니다.

일반적으로 사회에서는 순응적인 태도를 부정적으로 보는 경우가 종종 있습니다. 하지만 순응적 가치관은 달리 표현하면, 심리적 유연성이 뛰어난 것이라고 할 수 있습니다.

심리적 유연성이 뛰어난 사람은 자신이 통제할 수 없는 역경에서도 긍정적 태도를 유지하고 고정관념에 사로잡히지 않고, 변화에 열린 태도를 유지하며 높은 행복감과 만족도를 느낀다는 내용의 연구들이 많습니다. 즉, 심리적 유연성이 뛰어난 사람은 본인이 할 수 있는 것에는 최선을 다하되, 인력으로 도저히 어쩔 수 없는 상황에서는 그 결과를 인정하고 미련 없이 다른 길을 찾아가는 사람입니다.

한없이 유연한 물은 바위를 만나면 뚫지는 못하지만 굽이굽이 돌아감으로써 아무런 다툼 없이 원하는 목적지에 도착합니다. 물은 어떤 사소한 장애물도 이겨내지 못하는 연약한 존재인 것 같지만, 결국 원하는 결과를 달성하고 거대한 바다에 집결하는 모습을 보여줍니다. 또한 한없이 연약한 것 같지만 때로는 집채만 한 파도가 되어 무시무시한 위용을 뽐내기도 하는데, 그 비결 역시 바람·지진·중력의 흐름에 거역하지 않고 철저히 순응하기 때문입니다.

인생은 한조각 구름과 비슷합니다. 바람이 불면 뭉쳤다가 흩어지며 끝없이 변화하지만, 구름은 그 모든 변화에 담담히 순응합니다. 어차피 구름으로 태어나면 하늘의 바람을 맞는 것은 당연한 것이고 피할 수도 없다는 것을 아는 것처럼 말이지요. 인생이 자연현상의 일부일 뿐이라는 사실을 자각하지 못한 사람은 예측하지 못한 상황에 끊임없이 분노하고 후회하고 아쉬워할 것이고, 인생이 자연현상의 일부라는 사실을 자각한 사람은 어떤 상황이 닥쳐와도 "그럴 수도 있지."라며 여유롭게 포용할 수 있게 됩니다.

유발 하라리는 『사피엔스』에서 인생을 파도에 비유하며 이렇게 말했습니다.

"인생의 덧없음을 깨닫지 못하는 사람은 바닷가에 서서 '좋은' 파도는 붙잡아 흩어지지 않게 하려고 애쓰고, '나쁜' 파도는 밀어내려 하며 애쓴다. 결국 그는 피곤에 지쳐 모래에 주저앉고 그때서야 비로소 파도가 오고 가는 대로 내버려둔다. 얼마나 평화로운가!"

이런 통찰은 사람은 인생의 불확실함과 불안정함을 거부하지 않고 받아들일 때 오히려 삶이 더 평화로워진다는 것을 시사합니다. 결국 인생의 변화를 이해하고 순응하는 태도는 단순한 철학적 사색이 아니라, 우리 삶의 고통을 줄이고 진정한 행복에 도달하기 위한 실천적 비결이 되는 것입니다.

운출무심

생사일여

生死一如

삶과 죽음은 하나이다

　장자의 아내가 세상을 떠났다. 친구 혜자가 조문을 갔을 때, 장자는 두 다리를 뻗고 앉아 질그릇을 두드리며 노래를 부르고 있었다. 이를 보고 혜자가 물었다.

　"부인은 자네와 함께 살며 자식을 기르고 늙어갔네. 자네가 곡을 하지 않는 것은 그렇다 치더라도, 질그릇을 두드리며 노래까지 부르는 것은 너무 지나치지 않은가?"

　장자가 대답했다.

　"나 역시 처음에는 아내의 죽음을 슬퍼했네. 하지만 곰곰이 생각해 보니, 그이가 세상에 나오기 전에는 본래 아무것도 없었지. 모든 것은 혼돈 속에 섞여 있다가 변화를 통해 기가 생기고, 그 기가 변해 형체와 생명을 이루었네. 그리고 지금은 다시 변화를 얻어 죽음에 이른 것이지. 이는 사계절이 순환하는 이치와 같으며, 아내가 거대한 하늘과 땅 사이에서 편안히 잠들려 하는데 내가 굳이 시끄럽게 곡을 해대는 것은 천명을 모르는 행동인 걸세. 그래서 곡을 하지 않았네."

_장자, 『장자』 지락

대부분의 사람들은 주변의 인구에 익숙해져서 인지하기 어려울 수 있지만, 역사상의 통계를 보면 인류의 증가속도는 무지막지하게 빠릅니다. 인간의 필요에 의해 길러져 온 가축을 제외하면 어떤 대형 동물도 인간과 같은 증가세를 보인 적이 없습니다.

미국 NIC(National Institute of Corrections)의 연구통계(2021)에 따르면, 기원전 19만 년 전부터 현재까지 지구에서 태어났던 모든 인구는 약 1,170억 명인데, 계산을 해보면 역사상 태어났던 모든 인구의 무려 15분의 1이 현재 이 순간에 살고 있는 셈입니다. 오죽하면 한 생물학자는 그래프 곡선 모양만 보면 마치 전염병 환자 몸속의 세균 성장 그래프처럼 보인다고 말했을 정도입니다.

늘어난 것은 인간뿐만 아니라 인간이 빈 땅에 세워 올린 문명의 산물도 마찬가지입니다. 영국 레스터대학 등의 연구(2016)에 따르면 건물, 자동차, 전자제품 등 지금까지 인간이 산업활동을 통해 만들어 낸 문명의

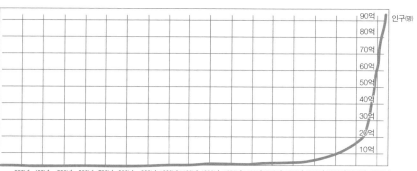

세계의 인구: 과거부터 미래까지

출처: https://www.worldometers.info/world-population/

총질량은 30조 톤에 이릅니다. 그뿐만 아니라 암석덩어리였던 지구에는 지금 푸릇푸릇한 식물이 가득한데 미국 예일대 토머스 크라우더 박사의 연구(2015)에 따르면 지구에는 현재 3조 400억 그루의 나무가 있는 것으로 추정됩니다. 통나무 하나의 엄청난 무게만 떠올려 봐도, 지구 전체 식물의 무게는 얼마나 될지 상상조차 어렵습니다. 때문에 이런 과학퀴즈가 종종 출제됩니다.

"건물도, 식물도 없었던 태초의 지구와 비교하면 현재 지구의 총질량은 대체 얼마나 증가했을까요?"

하지만 허무하게도 정답은 "거의 변화 없다."입니다. 그 이유는 지구는 닫힌계(폐쇄 시스템)이기 때문이지요.

생사일여

열역학적으로 봤을 때 공간의 유형은 물질과 에너지의 이동 여부에 따라 다음과 같이 3가지로 분류됩니다.

· **열린계**: 물질과 에너지가 자유롭게 출입할 수 있는 공간

· **닫힌계**: 에너지는 자유롭게 출입하지만 물질은 출입하지 못하는 공간

· **고립계**: 물질과 에너지가 둘 다 출입하지 못하는 공간

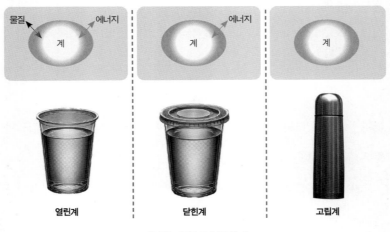

열역학 기준으로 분류한 계

각각을 비유하자면 열린계는 뚜껑 없는 유리컵에 비유될 수 있습니다. 열도 자유롭게 출입하고 물도 증발되거나 튀어나갈 수 있지요. 반면 닫힌계는 뚜껑을 닫은 유리컵에 해당합니다. 열은 출입할 수 있지만 물은 출입할 수 없지요. 마지막으로 고립계는 열과 물이 모두 출입할 수 없는 보온

병에 비유될 수 있습니다.

　그럼 지구는 어디에 해당될까요? 일단 태양 에너지가 출입하니 고립계가 아닌 것은 확실합니다. 가끔 운석도 떨어지고 우주선도 발사되는 등 물질교환도 있으니 열린계처럼 보이기도 합니다. 하지만 이 정도의 물질교환은 지구 전체의 질량에 비하면 무시해도 될 만큼 너무나 미미하기 때문에 과학계에서는 지구를 사실상 닫힌계로 봅니다.

　그러면 지구가 닫힌계라는 것은 어떤 의미일까요? 지구는 우주 바깥에서 물질이 보충되지 않는 곳이며, 이 세상 만물은 지구 안의 정해진 자원 내에서 자급자족해야 된다는 것을 의미합니다. 때문에 표면적으로 봤을 때는 지표면이 식물로 덮이고 사람이 돌아다니고 건물이 가득가득 들어서는 것 같지만, 결국 그 모든 것은 지구에 이미 있던 원소가 재활용되어 탄생한 것이고, 수명이 다하면 다시 지구 어딘가로 돌아가기 때문에 지구의 전체 질량은 변하지 않는 것입니다.

앞서 제행무상의 장에서도 세상의 원소와 물질이 순환하는 것을 확인했지만, 미시적으로 들여다보지 않아도 표면적으로 이미 세상은 충분히 삶과 죽음을 넘나드는 순환의 장입니다.

　동물은 식물을 먹으며 양분을 얻습니다. 사람은 동물과 식물을 먹습니다. 사람은 먹이사슬의 최정점에 위치하고 있지만, 돌고 도는 생태계에서 식물만 하염없이 양분을 생산하고 사람은 호위호식하며 하염없이 양분을 뺏어만 먹는 식의 일방통행은 일어나지 않습니다. 동물과 사람이 죽어서 땅에 묻히면 그 사체를 세균, 곰팡이 등과 같은 분해자가 분해하여 땅의 양분으로 돌려보내고, 식물은 이 양분을 활용하여 다시 동물을 위한 양분을 생산합니다.

즉, 누군가의 죽음은 누군가의 탄생이며, 반대로 누군가의 탄생은 누군가의 죽음입니다. 단순한 먹이사슬 패턴만으로는 눈곱만큼도 설명하지 못할 만큼 다양한 방식으로 원소들은 돌고 돌며 세상 만물을 먹여 살립니

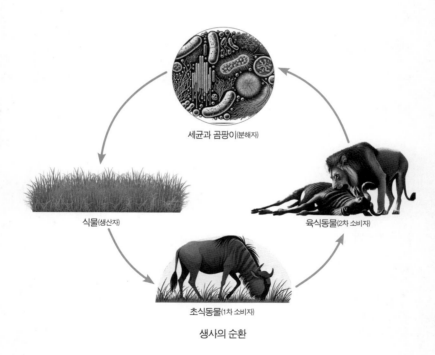

세균과 곰팡이(분해자)

식물(생산자)

육식동물(2차 소비자)

초식동물(1차 소비자)

생사의 순환

다. 생태계가 복잡하고 촘촘할수록 이러한 순환이 원활하게 일어나기 때문에 우리와 전혀 상관없어 보이는 생명들까지도 함부로 대하지 말아야 한다는 사실을 다시 한번 깨닫게 되는 순간입니다.

이렇듯 지구 전체가 정해진 자원으로 자급자족해야 하는 현장이라는 관점에서 보면, 분명 인류 한 종만 무한정 늘어나고 영생하는 것은 몹시 부자연스러운 현상입니다.

『인구폭탄』의 저자인 진화생물학자 폴 얼리크가 1994년에 계산한 지구촌의 적정 인구는 15억~20억 명인데, 만약 이 주장이 맞다면 80억 명에 육박하는 현재 지구촌 인구는 적정 정원을 무려 60억 명이나 초과한 셈입니다(여담으로 2000년대 초반, 지구 최강의 남자라는 의미로 격투기 선수 에밀리아넨코 표도르를 부르던 별명인 '60억분의 1의 사나이'를 기억하는 사람이라면, 그새 20억 명이나 늘어난 현재의 인구 증가 속도에 격세지감을 느낄 것 같습니다).

60억 명의 초과 인원이 소비하는 자원은 전 지구에 어마어마한 나비효과를 가져올 것입니다. 1970년에서 2020년 사이에 인간이 끼친 영향 등으로 인해 감소한 야생동물 개체군의 규모가 평균 73%에 달한다는 세계자연보호기금(WWF)의 연구(2024)도 이를 반증하는 것일 수 있습니다. 물론 장수를 위한 노력, 더 나아가 영생을 위한 노력 자체는 당연히 존중해야 합니다. 그것은 생물이라면 자연스럽게 가지는 본능이기 때문입니다. 하지만 그와 별개로 죽음이 없는 세상은 상상할 수 없는 대혼란이 일어날 수 있다는 사실도 분명히 인정해야 합니다.

구글이 2013년 설립한 칼리코는 안티에이징을 통한 획기적인 생명 연장을 목표로 다양한 연구를 진행 중인 기업이며, 항간에는 인간 수명을 무려 500세까지 늘리는 목표를 세웠다는 소문이 돌기도 했지요. 전설 속에서나 나올 법한 비현실적인 수치 같지만, 흥미롭게도 불로불사에 가까운 능력을 가진 생물종들이 없는 것은 아닙니다.

자연에는 마치 불로불사의 열쇠를 쥔 듯한 놀라운 생명체들이 존재합니다. 그중에서도 바닷가재와 홍해파리는 각각 독특한 방식으로 노화의 한계를 뛰어넘는 생물학적 특성을 가지고 있어 과학자들의 관심을 받고 있습니다.

바닷가재는 인간의 기준으로 볼 때 매우 이례적인 특징을 가진 동물입니다. 마치 '벤자민 버튼'처럼 나이를 거꾸로 먹는 듯한 모습을 보여주지요.

바닷가재는 세월이 지나도 멈추지 않고 평생 성장하면서 몸집이 커지고, 근육량이 증가하며 힘이 세집니다. 심지어 생식능력도 증가해 알과 정자의 생산량이 많아집니다. 오히려 늙을수록 경쟁·방어·번식에 유리해지며 생존률이 증가하는 듯한 기이한 능력을 보여줍니다.

덕분에 바닷가재는 척박한 자연환경에서도 보통 30~50년을 살며, 일부 개체는 100년 이상 살 수 있다는 보고도 있습니다. 하지만 바닷가재가 실제로 '불멸'하다고 보기에는 한계가 있습니다.

바닷가재는 외골격을 가진 동물이라서, 속살이 성장하면 기존의 외골격을 벗어던지고 새로운 외골격을 형성하는 '탈피'라는 과정을 반복해야 합니다. 문제는 나이가 많아지고 몸집이 커질수록 탈피에 필요한 에너지와 영양분의 소모가 급격히 증가한다는 것입니다. 게다가 탈피과정에서 감염이나 부상 위험도 함께 커지기 때문에, 나이 든 바닷가재는 탈피 도중 탈진하거나 부상을 입어 허무하게 죽는 경우가 많습니다.

한편 홍해파리는 더 놀라운 생물학적 특성을 보여줍니다. '불멸의 해파리'라는 별명을 가진 홍해파리는 성체 상태에서 스트레스를 받을 경우, 어린 상태로 되돌아갈 수 있는 '세포 역분화'라는 경악할 능력을 가지고 있습니다. 이는 생명 주기를 초기 상태로 '재설정'하는 능력인데, 인간으로 따지면 늙어서 관절이 쑤시고 허리가 아파오자 스스로 자기 몸을 아기로 되돌리는 셈입니다. 따라서 이론적으로 안전한 환경이 제공된다면 홍해파리는 이 과정을 무한히 반복하며 노화로 인한 자연사를 피할 수 있습니다.

그러나 홍해파리 역시 '불멸'하다고 보기에는 한계가 있습니다. 크기

생사일여

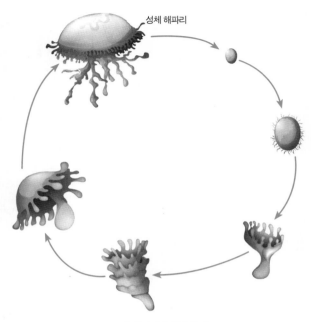

성체 해파리

홍해파리의 생애 주기

가 작고 민감한 생물이기 때문에 자연 상태에서는 포식, 질병, 환경 변화와 같은 외부 요인에 취약합니다. 실험실 환경에서는 '세포 역분화' 능력이 관찰되었지만, 자연 상태에서 이를 반복적으로 발휘하며 장수한 사례는 거의 보고되지 않았습니다. 이처럼 바닷가재와 홍해파리는 각각 독특한 방식으로 노화의 한계를 넘어서지만 완전한 불로불사를 실현하지는 못합니다.

그럼에도 불구하고 이 두 생물은 현대 생명과학과 의학에서 중요한 연구 주제로 자리 잡고 있습니다. 그들의 생물학적 특성은 과학자들에게 생명, 노화 및 재생의 비밀을 탐구할 수 있는 소중한 단서를 제공합니다.

앞서 언급했던 안티에이징 기업인 칼리코 역시 노화에 강한 저항력을 가지는 동물들을 연구하고 있으며, 현대 과학의 발전속도와 모기업인 구글의 막대한 자금력을 고려하면, 조만간 인간의 수명이 500세까지 획기적으로 늘어날지도 모른다는 상상을 해봅니다.

다만 이미 과포화 상태인 지구의 인간 수명이 대폭 늘어나고 영생을 누리는 것이 마냥 좋은 일인지는 섣불리 단정 짓기 어렵습니다. 닫힌계인 지구의 한정된 자원을 감안하면, 새로운 행성을 발굴하지 않는 이상 전세계적으로 산아제한정책을 강제화하는 것 외에는 제 머리 속에 다른 대안이 떠오르지 않습니다. 어느 순간부터는 지구촌 모든 국가가 자식과 손주를 보는 기쁨을 금지하는 시대가 올지도 모릅니다.

하지만 아기의 출생은 단순히 가정에 유대감과 기쁨을 주고 인구수를 조절하는 차원을 넘어 사회적, 문화적 측면에서 매우 중요한 역할을 합니다.

인류의 발전을 위해서는 혁신적인 창의력이 매우 중요한데, 생물학적으로 성인은 아기의 창의력을 따라잡기가 절대적으로 어렵습니다. 아기의 뇌는 신경학적으로 매우 유연하고 새로운 자극에 반응하여 다양한 신경 연결망을 형성할 수 있습니다. 이러한 특성 덕분에 아기는 기존의 틀

지구촌 아기들

에 얽매이지 않고 새로운 환경에 적응하며 배우는 능력이 탁월합니다.

반면 성인은 성장과정에서 무의식적으로 사회적 규범과 평가에 적응하며 살아가기 때문에 새로운 사고를 시도하기가 어려워집니다. 심지어 기존의 틀에 점점 익숙해지면서 아예 자신이 틀에 갇혀 있다는 사실 자체를 인식하기도 어려워집니다. 하지만 아기는 사회적 규범에 정신이 속박되지 않은 상태이기 때문에 자유롭고 창의적인 사고를 할 가능성이 높습니다. 벌거벗고 공원 한가운데를 뛰어다녀도 부끄러움을 못 느낄 정도로 사회적 평가, 관습, 고정관념에 물들지 않은 아기의 자유분방하고 열린 사고는, 새로운 시각과 창의성을 필요로 하는 성인들에게도 많은 영감을 줄 수 있습니다.

또한 사회적 관계 형성의 측면에서도 아기의 존재는 매우 중요합니다. 성인은 새로운 인간관계를 맺는 과정에서 다양한 선입견과 고정관념의 영향을 받을 수 있습니다. 살아오면서 특정 유형의 사람에게서 도움을 크게 받기도 하고, 상처 입고 배신당하기도 하면서 무의식적으로 선호하거나 기피하는 인간상이 고착화되기 때문이지요. 그러나 아기들은 이러한 고정관념이 없는 상태이기 때문에 타인과의 새로운 관계 형성의 가능성이 폭넓게 열려 있습니다. 따라서 아기의 출생과 성장은 나이·성별·국적·인종을 초월해 사회와 공동체를 더욱 포용적, 개방적으로 발전시키는 중요한 역할을 합니다. 결론적으로, 인류가 변화무쌍한 환경에 적응하고 지속적으로 혁신하며 지구촌의 사람들이 조화와 통합을 이루기 위해서는 끊임없이 세상 곳곳에서 피어나는 아기들의 힘이 필요합니다.

누군가의 죽음은 분명 마음이 아픈 일이지만, 세상 만물의 조화를 위해서는 어쩔 수 없고 당연한 현상이라고 위안을 삼으면 조금은 마음이 가벼워질까요.

다행히 죽음 자체는 사실 우주 전체로 보면 매우 일반적이고 자연스러운 현상입니다. 아직까지 인간이 우주를 탐사한 이래 티끌만큼 작은 지구 외에서 생명이 발견된 적은 없습니다. 오히려 우주 전체로 봤을 때는 생명이 지극히 부자연스러운 현상이지요. 설령 먼 훗날 외계생명체가 발견된다고 해도, 우주공간의 대부분이 죽음으로 가득 차 있다는 사실은 변

생사일여

하지 않습니다.

또한 죽음이라는 단어 자체도 인간의 입장에서 부정적 프레임을 씌워 정의한 것에 불과합니다. 인간은 죽음이라는 단어에 정지, 소멸 등의 부정적 뉘앙스를 부여했지만, 실제로는 내가 죽어도 내 몸을 구성하는 원자는 절대 정지하거나 소멸하지 않습니다. 오히려 새로운 곳으로 역동적으로 이동하고 순환하고 운동합니다.

지금도 탄소, 산소, 수소, 질소, 황, 인 등의 생명의 구성원소들은 끊임없이 돌고 돌며 재순환되고 있습니다. 내 입장에서 생각했을 때나 죽음이라 부르는 것이지, 내 몸을 구성하는 구성원소들은 이미 지구의 탄생 이래 수십억 년 동안 이 세상을 자유롭게 떠돌아 왔고, 지금은 아주 잠시 내 몸에 머물다가 떠나는 것뿐입니다.

장자에 따르면 죽음은 왔던 고향으로 돌아가는 것일 뿐입니다. 봄, 여름, 가을이 지나면 겨울이 오는 것과 같은 자연의 순환에 불과하지요. 그러니 삶을 이어간다고 즐거워할 일도 아니고 죽음에 이르렀다고 해서 특별히 슬퍼할 것도 없다고 했습니다.

그는 삶을 '자연에서 받은 옷'을 입고 사는 것으로 비유하며, 한평생 그 옷을 입고 열심히 살다가 죽음이라는 잠자리에 들 때는 그 옷을 벗는 것일 뿐이라고 보았습니다. 그래서 이러한 자연의 순리에 몸을 맡기면 슬픔과 기쁨이 비집고 들어올 틈이 없다 하였습니다.

장자는 역설의 대가답게 죽음을 지락(至樂, 지극한 즐거움)이라고까지 표현했는데 『장자』의 '지락' 편에는 장자와 해골이 만나 나눈 이야기가 전해집니다.

해골과의 대화

장자가 여행 중 들판에서 앙상한 해골 하나를 발견하고 말을 걸었다.
"이게 무슨 꼴인가? 자네는 방탕한 삶을 살다 이렇게 된 것인가? 나라를 망치려다 죄를 받아 목이 잘린 것인가? 아니면 헐벗고 굶주린 끝에 이렇게 되었나?"

그날 밤 장자의 꿈에 해골이 나타나 말했다.
"죽은 자의 세계에는 임금이나 신하의 구별이 없다네. 과거도 미래도 없고, 천지를 봄가을로 삼는 영원한 세계지. 왕이나 제후의 삶도 이 죽음의 세계처럼 즐겁진 못할 걸세."
장자는 그 말을 믿을 수 없어서 되물었다.
"내가 저승의 신에게 부탁해 자네를 되살려 부모와 처자, 친지들이 있는 곳으로 보내줄 수 있다면 어떻겠나?"
해골은 얼굴을 찡그리며 답했다.
"왕과 제후도 누리지 못할 즐거움을 버리고 괴로움 많은 인간 세상으로 되돌아가라니, 그걸 말이라고 하는가?"

생사일여

고대 그리스의 쾌락주의 사상가 에피쿠로스는 죽음은 완벽한 고통의 부재 상태이며, 우리가 살아 있을 때는 죽음은 우리 곁에 없고 죽음이 우리 곁에 오면 우리가 존재하지 않으므로 죽음을 두려워할 필요가 없다고 했습니다. 장자 역시 죽음을 완전한 평안의 경지처럼 묘사하고 있습니다.

하지만 이를 단편적으로 받아들여서 장자를 죽음 예찬론자로 보면 곤란합니다. 누가 장례식장에 조문을 와서 "분명 좋은 곳으로 가셨을 겁니다."라고 말했다고 해서 그 사람이 죽음 예찬론자가 아닌 것처럼 말이지요.

장자는 오히려 인간이 생의 본성을 철저하게 추구하길 강조합니다. 본성을 옥죄는 인위적인 도덕과 규제조차 초월하여 진정한 참자유를 누리는 활력 넘치는 삶을 강조합니다.

장자가 경계한 것은, 언젠가는 당연히 맞이할 죽음을 미리부터 너무 겁내거나 과도하게 대응하다 오히려 현재를 제대로 누리지 못하고 망가지는 삶입니다. 막강한 권력을 얻고도 불로불사에 집착하다가, 수은이 불로장생의 약인 줄 알고 수시로 먹고 발라서 수은중독으로 죽음을 앞당겼다고 알려진 진시황도 아마 이런 유형이겠지요.

또한 장자가 논리를 전개함에 있어 죽음을 비중 있게 다룬 것은 어찌 보면 당연합니다. 장자는 보통 사람들과 다른 차원의 시야를 가졌습니다. 일국의 황제가 대륙을 바라볼 때도, 장자는 대륙을 넘어 우주 전체를 조망하던 사람입니다. 이 우주의 모든 공간과 시간의 대부분은 죽음이기 때문에 장자의 사고가 죽음에까지 미친 것은 당연합니다. 우주를 통찰하는 자의 입장에서는 죽음을 빼고 삶만 이야기하는 것은 99를 빼고 1만 다루는 것과 같기 때문입니다.

장자는 죽음을 단순히 긍정하거나 부정하는 것을 넘어, 삶과 죽음이 서로 연속된 자연의 이치임을 깨달은 평온한 마음의 경지를 보여줍니다. 그는 삶과 죽음을 모두 자연스러운 흐름의 일부로 받아들이는 것이야말로 두려움과 집착에서 벗어나 참된 자유로 가는 길이라고 보았습니다.

연비어약

鳶飛魚躍

솔개는 날고 물고기는 헤엄치며 저절로 조화를 이룬다

　　노자의 제자였던 경상초는 어느 정도의 수양을 마친 후 북쪽 지방의 외루산에서 살고 있었다. 경상초가 온 지 3년이 지나자 외루산 일대에 풍년이 들며 마을은 점점 풍족해졌고, 이에 외루산 사람들은 한데 모여 의논했다.

　　"경상초 선생님이 처음 오셨을 때에는 낯설고 의심스러웠지만 시간이 지날수록 우리들 살림이 점점 넉넉해졌네. 아마도 그분은 성인임이 분명해. 마땅히 그분을 윗자리에 모셔야 되지 않겠나?"

　　이 말을 전해들은 경상초는 떨떠름한 표정을 지었다. 제자들이 그 이유를 묻자 그는 대답했다.

　　"봄이 오면 온갖 풀이 자라나고, 가을이 되면 곡식이 여물게 마련이다. 그것은 단지 자연의 이치일 뿐이다. 이 마을이 풍족해진 것 또한 하늘의 도道가 작용하여 저절로 그렇게 된 것이지 내 덕이 아니다. 그런데도 이 마을 사람들은 나를 현인으로 떠받들려 하니, 스승님이 '자신을 남 앞에 드러내지 말라.'고 했던 가르침을 따르지 못한 것 같아 부끄럽구나."

_장자, 『장자』 경상초

노자와 장자는 "내버려두어라."라는 논리를 철저하게 강조했습니다. 이는 자연의 능력을 확고하게 신뢰하는 자만이 할 수 있는 말이지요. 그들은 자연은 어떤 상황에서도 조화를 이뤄내는 무한한 힘이 있으니, 그저 내버려두면 모든 것은 알아서 자연스럽게 잘 다스려진다고 말했습니다. 인간도 자연의 일부이기 때문에 다양하고 복잡한 인생의 문제들도 순리대로 내버려두면 장기적으로는 자연의 조화 속에서 스스로 해결된다고 말했습니다.

근시안적으로 봤을 때는 분명 이 세상은 불합리와 불평등이 만연한 것 같지만 쾌락과 고통, 생과 사를 초월하여 우주 전체를 넓은 시야로 관조해 보면, 이 세상은 흠잡을 것 없는 정교한 조화를 이루고 있습니다. 이러한 점을 통찰한 노자와 장자는 자연을 믿지 않고 초조해하고 일희일비하며 부자연스럽게 개입을 하면 오히려 세상의 조화가 깨지고 혼란이 온다고 말했습니다.

19세기 미국에서는 회색늑대가 골칫거리였습니다. 회색늑대가 농장에 침입해 가축을 잡아먹는 일이 반복되었고, 인근 지역 농부들이 정부에 지속적인 항의를 했기 때문이지요. 분명 그 당시에 봤을 때는 늑대는 인간에게 피해만 끼치는 혐오 동물일 뿐이었기에, 미국 정부는 옐로스톤 국립공원에서 늑대를 박멸하는 프로젝트를 실시했습니다. 늑대를 사냥하고 늑대굴을 찾아 새끼까지 도살했으며, 반면에 다른 생물종들은 건드리지 않고 오히려 적극적인 보호조치까지 했습니다.

하지만 공원의 생태계에서는 상상도 못한 나비효과가 나타났습니다. 들판은 풀과 나무가 사라지며 벌거숭이가 되기 시작했습니다. 강은 홍수가 잦아지고 흙이 쓸려 내려갔으며 구불구불해지기 시작했습니다. 양서류가 줄어들기 시작했고 새의 수와 종류도 급감했습니다.

생태작가 페터 볼레벤은 저서 『자연의 비밀 네트워크』에서 자연의 복잡한 연결고리와 나비효과를 분석했습니다. 옐로스톤 국립공원이 늑대를 뿌리 뽑아버리자 늑대의 먹이인 사슴의 수가 폭증했으며, 고삐 풀린 말처럼 사방의 풀과 나무를 먹어치운 사슴들은 거기서 그치지 않고 모자란 먹이를 강가까지 내려와 보충했습니다. 사슴들이 강가의 온갖 풀과 나무를 먹어치운 바람에 비버들이 먹을 것이 없어지며 그 수가 줄어들었습니다. 그러나 여기서 문제는 비버가 생태계에 매우 중요한 역할을 하는 동물이

비버의 댐

라는 점이었지요.

    비버는 물 한가운데에 집을 짓고 그 주변 수심을 깊게 만들기 위해 나무를 날라 댐을 쌓는 특이한 습성이 있습니다. 조그만 몸집에도 불구하고 그 댐의 스케일은 상상을 초월할 정도인데, 2010년 캐나다에서는 비버 가족들이 수개월에 걸쳐 수천 그루의 나무를 갉아 모아 만든 길이 약 850m의 댐이 발견되기도 했습니다.

    늑대 사냥으로 인한 나비효과로 비버가 만드는 이런 댐들이 줄어들자 습지와 웅덩이도 줄어들며 거기에서 뛰노는 양서류의 수도 급감하였고, 결과적으로 양서류를 먹고 사는 새의 수와 종류도 같이 줄어들었던 것이지요. 다행히 훗날 공원 내의 늑대 수를 다시 복원시키자 이러한 문제점들은 빠른 속도로 개선되었습니다.

　이처럼 자연에 인위적인 개입을 하면 그 대상 및 대상을 먹이 삼는 종에만 영향이 미치는 것을 넘어 훨씬 광범위한 변화가 일어납니다. 볼레벤은 자연을 시계에 비유하며, 세상 모든 존재가 시계 부품처럼 정교하게 맞물려 각자의 역할을 수행하고 있다고 설명합니다. 우리가 시계의 부품을 다 해체하여 섣불리 개조하려 한다면 손을 대면 댈수록 시계는 망가지고 작동하지 않을 것입니다. 하물며 시계는 비교조차 할 수 없을 정도로 거대하고 복잡한 자연에 인간이 함부로 손을 대면 그 결과는 불 보듯 뻔하겠지요. 볼레벤은 자연은 이미 정교한 조화를 이루고 있으니 "최대한 손을 대지 말고 내버려둘 것"을 철저히 강조했습니다. 앞선 노자와 장자의 가르침과 일맥상통하지요.

　또한 자연은 함부로 해석하고 판단하려 해도 안 됩니다. 인간은 대자연의 법칙을 제대로 알 수도 없을 뿐더러 전혀 엉뚱한 식으로 해석할 수도 있기 때문입니다.

　'거꾸로 강을 거슬러 오르는 저 힘찬 연어들처럼'이라는 노래의 주인공인 연어는 여러 생선 중에서도 상당히 독특한 개성을 가진 물고기입니다. 강에서 태어나서 쭉 살다가 조금 자라면 그 친숙한 고향 강을 버리고 굳이 힘들게 바다까지 내려갑니다. 바다에서 살을 통통히 찌우며 살다가 산란기가 되면, 그동안 적응해서 살 만해진 바다를 버리고 굳이 수천 km

강물을 거슬러 오르는 연어

를 헤엄쳐서 태어났던 강으로 되돌아가는데 그 여정은 매우 혹독합니다. 여러 달 동안 강의 세찬 물살과 폭포를 거슬러 오르느라 찌워놨던 지방은 계속 줄어들고, 강으로 돌아오는 동안 곰, 여우, 새 등의 먹이가 되기에 실제로 연어가 태어난 강까지 무사히 돌아가는 확률은 매우 낮습니다. 그나마 무사히 도착하여 산란에 성공하여도 탈진하며 대부분 죽습니다.

연어가 태어났던 고향의 강으로 회귀하는 이유는 정확히 알려지지 않았습니다. 아니, 사실 제대로 된 이유는 인간이 알 수 있는 영역이 아닙니다. 만약 연어의 뇌 속에서, 산란기가 되면 강으로 떠나도록 명령하는 DNA를 발견하여 그것이 연어가 회귀하는 이유라고 밝힌들, 그 DNA가 왜 그런 명령을 내리는지 되물어보면 할 말이 없게 됩니다. 즉 연어의 삶은 대자연이 주관하는 조화과정의 일부일 뿐입니다.

　하지만 인간의 눈으로 봤을 때는 이렇게 어리석은 존재가 또 없습니다. 기껏 자리 잡은 터전을 버리는 것도 그렇고, 물살을 거스르며 사서 고생을 하는 것도 그렇고, 각종 천적들이 두 팔 들고 반기는데 꿋꿋이 지나가다 잡아먹히는 것도 그렇고, 기껏 겨우겨우 도착했는데 쉬지도 않고 짝짓기를 하다가 탈진하여 죽는 모습은 참으로 기구하고 어리석기 짝이 없어 보입니다.

　하지만 이런 측은지심도 인간의 관점에서 본 감정일 뿐입니다. 연어는 바다의 귀한 영양분으로 살을 통통히 찌워, 대륙 한복판의 숲속 생물들에게 전달하는 중요한 역할을 합니다. 태어난 강으로 돌아오는 연어는 숲속의 곰, 여우, 새 등 수많은 동물들의 양분이 되며 더 나아가 동물의 배설물 및 먹고 남은 연어 사체는 숲속 식물들에게 매우 소중한 퇴비가 됩니다.

　일부 연구에 따르면 강 주변 식생 질소의 최대 70%가 연어를 매개로 한 바다에서 유래했다고 합니다. 대부분의 나무에서는 연어로부터 운반된 질소 비율이 80%를 넘는다고 하며, 일부 나무종은 연어에서 양분을 받지 못하는 타 지역의 동일 나무종에 비해 3배나 키가 크다고 합니다. 만약 인간이 자의적으로 판단하여 연어에게 선의를 베푼답시고 대거 양식장에 가두어 강으로 못 돌아가게 막고 바다에서 천수를 누리게 하려 한다면, 수천 km 떨어진 숲속의 회색곰들이 멸종하고 수많은 나무들이 영양실조로 죽을지도 모르는 일입니다.

워낙 물 흐르듯 아귀가 맞아서 인지를 하기 어려울 뿐이지, 자연의 조화는 인간이 생각하는 것보다 훨씬 더 정교하고 온전합니다. 인간이 자연의 조화를 구현해 보려 도전했던 프로젝트를 복기해 보면 그 난이도가 얼마나 높은지 새삼 느낄 수 있습니다.

'바이오스피어2'는 미국 애리조나 사막에 과학자들이 기획했던 인공지구 프로젝트입니다. 바이오스피어(biosphere)라는 단어는 '생물권'이라는 뜻인데, 생물권의 원조인 지구를 '바이오스피어1'이라 불렀기에 이 프로젝트

바이오스피어2 프로젝트

의 인공지구는 '바이오스피어2'라고 불렀습니다. 이 프로젝트에는 수천억 원이 투자되었고 1987년에 착공하여 1991년에 완공되었습니다.

인공지구 프로젝트답게 이 공간은 햇빛을 제외하고는 외부와 완전히 격리된 투명 유리돔 구조물이었지요. 즉, 다른 행성에 있어도 독자적으로 완벽한 지구 역할을 해낼 수 있는 수준을 목표로 건설되었습니다. 이 프로젝트에는 생태학자는 물론 건축가, 공학자, 의사, 농학자, 등산가 등 400명이 넘는 다방면의 전문가가 참여했으며 약 4,000평의 구조물 내부에는 지구를 본떠 사바나, 열대우림, 습지, 바다 등을 만들고 약 150여 종의 농작물과 4,000여 종의 생물을 도입한 아주 체계적이고 과학적인 인공 생태계였습니다. 하지만 이렇게 완성된 인공지구에 8명의 훈련된 대원들이 실제로 들어가 장기간 거주하려던 야심찬 프로젝트의 결과는 참담했습니다.

농사를 잘 짓기 위해 유기물이 풍부한 토양을 조성했으나 흙 속의 미생물이 비옥한 양분 덕분에 계속 증식했고, 미생물의 호흡으로 인해 산소가 감소하고 이산화탄소는 증가했습니다. 이에 이산화탄소 제거기까지 가동했으나 역부족이었습니다. 공기의 조성이 바뀌자 적응을 못한 곤충들이 죽었습니다. 곤충은 원래 식물의 꽃가루를 묻히고 퍼뜨려 수정을 돕는 역할을 하는데, 곤충들이 사라지자 식물의 개체수가 더욱 감소했습니다. 식물이 줄어드니 광합성이 제대로 되지 않아 산소가 줄어드는 악순환

연비어약

이 계속 되었습니다. 바닷물에는 과잉의 이산화탄소가 녹아들어가 산성화되면서 해양생물들도 죽어가기 시작했습니다. 산소의 농도가 16개월 만에 21%에서 14.5%까지 떨어졌고(해발 4,000m의 고산지대 산소 농도와 흡사), 일부 대원들은 환각, 우울증, 수면무호흡증, 피로감 등의 정신적 문제까지 생기게 됩니다.

2년 동안의 사투를 마치고 대원들이 시설 밖으로 나왔을 때는 이미 함께 들어간 동식물의 90% 이상이 멸종한 상태였습니다. 내부 인원을 2년 주기로 교체하며 총 100년 동안 지속하려고 계획한 야심찬 프로젝트였지만, 2년 10개월 만에 참담하게 끝이 나고 말았습니다. 다만 프로젝트 자체는 비록 실패로 끝났으나 바이오스피어1(지구)의 중요성과 경이로움을 재확인하는 계기가 된 의미 있는 실험으로 평가받고 있습니다.

이처럼 지구상의 생물과 무생물의 조화는 인간의 지혜로는 가늠할 수 없을 정도로 오묘합니다. 하지만 여기서 놀랄 일은 끝나지 않습니다. 얼핏 보면 지구상의 생물이 운 좋게 지구라는 좋은 환경을 가진 행성을 만난 덕분에 번성할 수 있었다고 생각될 수 있지만, 지구의 생물은 단순히 환경에 적응하는 것을 넘어서, 지구라는 행성 자체를 자신들에게 유리한 조건을 가진 보금자리로 바꾸는 어마어마한 능력을 발휘하고 있습니다. 지구 전체의 크기에 비하면 티끌보다도 작은 생물들이 모여서 지구 전체의 환경을 바꾸고 있다는 것은 쉽게 믿기 어렵지만, 환경과학자 제임스 러브록은 이러한 가능성과 원리를 과학적으로 분석했습니다.

지구의 생명체는 일단 처음에는 운이 좋았던 것이 맞습니다. 아직까지 우주에서 생명이 발견된 곳은 지구뿐인데, 태양계에서 생명이 탄생하기 위한 온도·물·대기 등의 적절한 조건을 갖추고 있는 행성 역시 지구뿐입니다.

일단 지구가 생명을 잉태할 수 있었던 가장 큰 비결은 탁월한 위치 선정입니다. 지구가 지금보다 태양으로부터 약 5%만 가까워져도 물이 대량으로 증발하고, 5%만 멀어져도 물이 대량으로 얼어붙어 생명체가 살기 어려운 행성이 되기 때문입니다. 실제로 지구 전후로 배치된 금성과 화성에는 생명체가 없습니다.

왜곡된 태양계

하지만 거리 못지않게 중요한 조건이 있는데 바로 온실효과입니다. 많은 사람들이 지구 온난화와 연관 지어 온실효과를 부정적인 의미로 인식하지만, 사실 온실효과는 생명의 필수조건 중 하나입니다. 일종의 가림막이나 이불에 비유하면 이해하기 쉽지요.

온실효과가 없다면 태양이 내리쬐는 지구 반쪽은 기온이 끓는점보다 높아지고, 태양이 닿지 않는 지구 반쪽은 영하 수십 도 이하로 떨어집니다. 이는 마치 허허벌판에 세워놓은 자동차 표면과 같다고 보면 됩니다. 실외의 자동차 표면은 한여름에는 달걀프라이를 할 정도로 뜨거워지고, 한겨울에는 물을 얼릴 정도로 차가워집니다. 즉 온실효과는 태양열을 적당히 가둬서 지구의 온도를 일정하게 유지하는 역할을 하는데, 만약 온실

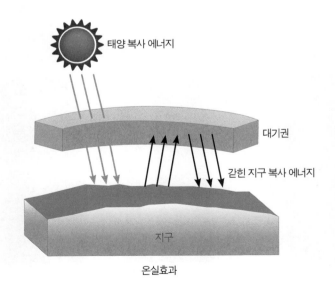

온실효과

효과가 없다면 지구의 평균기온은 −18℃까지 떨어져 생물이 살 수 없게 됩니다. 하지만 반대로 온실효과가 너무 지나쳐도 표면이 펄펄 끓어 생물이 살 수 없게 됩니다.

이런 온실효과에 가장 중요한 역할을 하는 기체는 이산화탄소이므로, 생물이 살기 위해서는 이산화탄소가 너무 많아도 너무 적어도 안 됩니다. 하지만 대기 중의 이산화탄소 비율을 중심으로 주변 행성을 살펴보면 지구는 단지 거리만으로 설명되지 않는 굉장히 이질적인 특징을 보이고 있음을 알 수 있습니다.

기체	행성			
	금성	생물이 존재하지 않는 가상의 지구	화성	오늘날의 지구
이산화탄소	98%	98%	95%	0.03%
질소	1.9%	1.9%	2.7%	78%
산소	극미량	극미량	0.13%	21%
아르곤	0.1%	0.1%	2%	1%
지표면 온도(℃)	477	290±50	−53	13
대기압력	90	60	0.064	1.0

출처: 제임스 러브록, 『가이아: 살아 있는 생명체로서의 지구』, 102쪽.

일단 행성의 온도만 따지면, 금성은 무려 477℃, 지구는 13℃, 화성은 −53℃입니다. 직관적으로 생각해 봐도 태양에서 가까울수록 뜨겁고 멀수록 차가워질 테고, 지구는 금성과 화성의 사이에 위치하니 당연히 두

행성의 사이값인 온도를 가질 것이라고 유추가 가능합니다.

하지만 대기를 조성하는 기체의 비율을 보면 지구는 금성과 화성의 사이값이 아닌 독보적으로 특이한 값을 가집니다. 특히 무려 95%를 넘는 금성과 화성의 이산화탄소 비율과 달리, 지구는 0.03%라는 완전히 이질적인 이산화탄소 비율을 보입니다.

실제 과학적으로도 지구 대기권의 화학적 조성은 정상적인 화학평형의 법칙을 철저하게 거역하는 부자연스러운 상태입니다. 지구의 대기 조성은 결코 자발적으로 이루어질 수 있는 상태가 아니지요. 즉 지구의 대기에 크게 관여하는 어떤 존재가 있다는 것이고, 그게 바로 지구의 생물들입니다.

이산화탄소의 농도는 1%씩만 높아져도 온도 상승효과가 대폭 늘어납니다. 증발한 수증기까지 합세해서 온실효과가 극대화되기 때문이지요. 원시 지구의 이산화탄소 농도는 현재의 100배 이상이었을 것으로 추정되며, 이 당시 원시 바다온도는 끓는점에 가까웠을 것으로 추정됩니다.

최초의 생명이 어떻게 탄생했는지는 아직도 정확히 밝혀지지는 않았지만, 어쨌든 끊임없는 진화를 거쳐 수십억 년 전, 지구 역사상 최초로 '산소를 생성하는 광합성'을 시작한 남세균이라는 생물이 탄생합니다. 이러한 광합성 생물들이 끊임없이 이산화탄소를 흡수하여 광합성을 하고, 그 폐기물로 산소를 뱉어내 준 덕분에 지구의 이산화탄소 농도는 급격히 줄어들었고 지구에 산소가 늘어나기 시작했습니다. 원래 지구 대기권에는 산소가 거의 없었지만, 광합성 생물들로 인해 대기 중에 산소가 급증했습니다. 그 결과 대기권에는 산소화합물인 오존(O_3)으로 구성된 오존층이 생기며 자외선 등의 유해광선을 차단했고, 이는 해상생물이 육상으로 진출하기 위한 큰 기회를 제공했습니다.

또한 광합성으로 인해 발생한 산소는 생명의 근원인 바다를 지키는 역할까지 했습니다. 자외선은 물(H_2O)을 수소(H)와 산소(O)로 분해하는데, 이렇게 분리된 수소는 너무 가벼워서 중력을 벗어나 우주로 날아갑니다. 금성과 화성은 이런 자외선의 작용으로 인해 수십억 년 동안 물이 분해되며 바다가 사라졌습니다.

하지만 지구는 광합성 생물들이 대량의 산소를 생산한 덕분에 금성, 화성과 전혀 다른 운명을 걸을 수 있었습니다. 공기 중에 산소가 넉넉하면, 자외선에 의해 물이 분해되어도 가벼운 수소가 우주로 날아가기 전에 다시 공기 중의 산소와 결합하며 물이 되므로 바다가 보존될 수 있기 때문입니다. 또한 산소가 대기 중에 축적되며 생긴 오존층 역시 자외선을 차단하며 바다 보존에 기여했습니다. 즉 바다가 최초의 생명을 살렸지만, 생명도 바다를 살린 것입니다.

러브록은 지구가 스스로 온도나 대기를 조절한다는 '가이아 가설'을 증명
하기 위해 컴퓨터 시뮬레이션을 하기도 했는데, 이 시뮬레이션의 이름은
'데이지 세계'입니다. 데이지 꽃이 그저 자기 앞가림만 하며 최선을 다해
피어날 뿐인데 거대한 행성의 온도가 조절되는 흥미로운 과정을 보여
줍니다.

제임스 러브록의 데이지 세계 시뮬레이션

데이지 세계 시뮬레이션의 가정 조건

- 지구와 거의 동일한 조건의 행성이 있다고 가정하고 이를 '데이지
  세계'라고 명명
- 환경조건은 온도 하나로 단순화
- 생물종은 데이지 한 종으로 단순화. 데이지의 종류는 두 가지(짙은
  색, 옅은 색)
- 데이지는 20℃ 내외에서 가장 잘 자라며, 5℃ 이하나 40℃ 이상에
  서는 생존이 어렵다고 가정

시뮬레이션은 38억 년 전의 지구와 동일한 조건에서 시작합니다. 당시
지구를 비추는 태양은 현재보다 30%나 덜 밝았기 때문에 데이지 세계의
행성온도도 매우 낮았습니다. 그래서 적도 부근에서만 겨우 데이지 씨앗

이 발아할 수 있는 5℃ 정도가 유지되어 데이지가 피어났지요.

처음에는 짙은 색과 옅은 색 데이지가 골고루 피었지만, 날씨가 추워서 열을 많이 흡수하는 짙은 색 데이지가 성장에 더 유리했으므로, 점점 짙은 색 데이지가 많이 피어나며 행성을 뒤덮기 시작했습니다.

행성이 점점 짙은 색 데이지로 뒤덮이자, 행성 표면색이 어두워지면서 행성 전체가 받는 태양 에너지도 증가하며 온도가 높아졌습니다. 하지만 데이지가 자라기 어려운 40℃에 가까워지자 짙은 색의 데이지는 씨앗을 잘 맺지 못하게 되고, 대신 열을 잘 반사하는 옅은 색 데이지가 점점 늘어나기 시작하면서 행성의 온도는 다시 낮아졌습니다. 이렇게 옅은 색과 짙은 색의 데이지는 매년 그 조성비를 달리하면서 행성의 온도를 자신들의 생육에 적당한 범위로 유지했습니다.

심지어 태양빛의 강도가 30%나 증가하는 상황에서도 시뮬레이션 속 행성은 20~30℃의 기온을 유지하는 데 성공했습니다. 생물체가 없는 행성일 경우 태양빛이 30% 증가할 경우 평균기온이 50℃를 넘어설 것으로 예측 분석되었다 하니, 데이지의 온도 조절력에 놀라지 않을 수 없습니다.

과거의 과학자들은 생물들은 격변하는 지구환경에 그저 수동적으로 적응할 뿐이라고 생각했습니다. 물론 생물들은 최초의 생명 탄생의 판을 깔아준 지구에게 큰 신세를 졌습니다. 하지만 생물은 더 나아가 지구환경

연비어약

데이지 행성 시뮬레이션

을 개편하며 자신들에게 유리한 환경을 스스로 만들었습니다.

　　그리고 생물들이 그런 거대한 업적을 세울 수 있던 비결은 놀랍게도 그저 자기 눈앞의 작은 일에만 집중한 것입니다. 남세균은 그저 양분인 이산화탄소를 섭취하고 폐기물인 산소를 배설했을 뿐이고, 데이지는 그저 자기 꽃을 피운 것뿐입니다. 각 생물들은 세상에 위대한 업적을 세우겠다는 포부 따위는 눈곱만큼도 없었습니다. 하지만 역설적이게도 본성에 충실한 가장 사소한 행위들이 세상을 바꾸는 가장 위대한 조화를 이뤄낸 것입니다.

　　노자와 장자는 어떤 상황에서도 끝끝내 정교한 조화를 이루고야 마는 자연의 온전한 힘을 통찰했습니다. 그리고 이러한 자연의 조화력을 극대화하는 지름길은 그저 "내버려두는 것", 조금 더 구체화하자면 구성원 각자가 본성을 거침없이 발현할 수 있도록 "간섭하지 않는 것"이라는 사실을 깨달았던 것입니다.

위자패지

爲者敗之

억지로 하려는 자는 실패한다

　말은 발굽으로 서리나 눈을 밟고, 털로 바람과 추위를 막고, 풀을 뜯어 먹고, 물을 마시며 발을 내달린다. 이것이 말의 본성이다. 넓고 화려한 기와집 같은 것은 말에게 아무런 필요가 없다.

　하지만 백락은 "나는 말을 잘 다룬다."라고 말하며, 말 털을 깎고, 말굽을 도려내고 낙인을 찍었다. 또 고삐를 매고 발목을 묶어 말들을 연결하고 마구간에 넣어 길렀다. 그로 인해 열 마리 중 두세 마리가 죽었다. 말을 길들이기 위해 굶기고, 대열을 지어 이리저리 달리게 했다. 말의 앞에서는 재갈의 고통이, 뒤에서는 채찍의 위협이 가해졌다. 이로 인해 죽은 말이 절반을 넘게 되었다.

장자, 『장자』 마제

초등학교 과학 수업 때, 비커에 채워진 흙탕물에서 흙과 물을 분리하던 실험을 했던 것 기억하시나요? 무거운 흙 입자의 침전현상을 확인하기 위한 실험이었던 것으로 기억합니다. 이때 뿌옇게 변한 흙탕물을 가장 빠르게 맑은 물로 되돌리는 방법은 그저 가만히 놔두는 것입니다. 조금이라도 흙 입자를 빨리 가라앉혀 보겠다고 여기저기 손을 휘젓던 친구들은 수업 종료 종소리가 울릴 때까지도 흙탕물 상태로 실험을 끝내지 못했던 기억이 납니다.

장자는 인위적으로 사회 질서를 바로잡고 천하를 다스리려는 노력은, 한 줄기 개천을 파놓고 온 바다의 물을 흘려보내려 하는 것과 같고, 모기의 등에 태산을 지우려는 것과 같다고 했습니다. 또한 누가 가르쳐 주지 않

흙탕물 침전 실험

아도 새는 하늘 높이 날아 화살을 피하고 생쥐는 땅굴을 깊숙이 파고들어가 화를 피하는데 하물며 사람이야 어떻겠냐며, 사람도 본성을 자연스럽게 발현할 수 있도록 가만히 내버려두어야 한다고 강조했습니다.

앞선 연비어약의 장에서 보았다시피, 자연은 각자가 다양한 방향으로 본성을 추구하는 힘이 모여 절묘한 조화를 이룹니다. 각 구성원이 작고 소박한 본성에 집중하도록 내버려둘 때 오히려 더 큰 우주 조화의 동력이 생깁니다. 하지만 얕은 지혜를 내세워 인위로 만물을 다스리려 하면 그 조화가 깨지게 됩니다. 인위라는 것은 자신이나 남의 본성을 간섭하고 통제하는 행위이기 때문입니다.

노자는 까치발로 서는 자는 오래 서지 못하고, 가랑이를 한껏 벌리고 걷는 자는 오래 걷지 못한다고 했습니다. 즉, 인위를 내세우면 처음에는

위자패지

빠른 결실을 얻는 것처럼 보일지 몰라도, 본성을 거스르는 행위가 장기화되면 반드시 역풍과 저항을 받게 되어 오래가지 못한다는 의미입니다. 인간은 거대한 자연의 미미한 일부일 뿐이기에 장기적으로는 반드시 자연의 순리대로 흐를 수밖에 없게 됩니다.

대세의 파도에 몸을 맡기는 자는 처음부터 넘실넘실 물놀이를 즐기지만, 파도에 저항하고 역행하려 애쓰는 자는 수차례 탈진하고 나서야 파도에 순응하는 것이 가장 편안하고 즐거운 것임을 뒤늦게 깨닫게 됩니다. 즉, 노자와 장자는 자연의 순리에 몸을 맡기는 것이 오히려 지름길이고, 인위를 내세우는 것은 한참을 돌아가는 길이라고 말합니다.

유발 하라리는 모든 문화가 나름의 신념, 규범, 가치를 가지고 있지만 이것들은 영구히 고정되어 있지 않으며 환경의 변화, 이웃 문화와의 접촉 혹은 스스로의 내부적 역동성으로 인해 변화된다고 했습니다. 그는 인간이 만든 모든 질서는 필연적으로 내적 모순을 지닌다고 했습니다.

실제로 세계사를 살펴보면, 국가의 최고 인재들이 추진한 정책이 전혀 예상 못한 결말을 맞이한 사례는 매우 많습니다. 어떤 문제를 해결하기 위해 대책을 내놓았는데 오히려 상황이 악화되는 현상을 '코브라 효과'

또는 '코브라 역설'이라고 합니다. 이 명칭은 영국이 인도를 식민 통치하던 시절의 일화에서 유래되었습니다.

인도 델리에 맹독성 코브라가 창궐하자, 영국 총독부는 이를 퇴치하기 위해 코브라를 잡아오면 포상금을 지급하는 정책을 시행했습니다. 시행 초기에는 총독부의 의도대로 코브라가 많이 잡히며 개체수가 줄어드는 듯했지만, 얼마 지나지 않아 이상한 현상이 벌어졌습니다. 지급한 코브라 보상금의 액수는 늘어나는데, 길거리의 코브라는 줄어들지 않고 오히려 늘어났던 것이지요. 알고 보니 사람들이 포상금을 타기 위해 아예 코브라를 사육하고 있었던 것입니다.

이 사실을 알게 된 총독부는 포상금제도를 폐지했지만, 이제는 사람들이 쓸모없어진 코브라를 길거리에 방생하기 시작했고, 코브라는 오히려 포상금제도를 시행하기 전보다 늘어버렸습니다.

중국 공산혁명을 이끈 마오쩌둥도 큰 실패를 경험한 바 있습니다. 1957년 쓰촨성을 돌아보던 마오쩌둥은 곡식을 쪼아 먹는 참새를 보고는 해로운 새로 규정하고 참새섬멸본부를 구성했습니다. 참새 한 마리가 1년에 약 2.4kg의 쌀을 먹는다고 치면, 쓰촨성에 있는 약 320만 마리의 참새는 무려 3만 2,000명이 1년간 먹을 수 있는 분량인 7,680톤의 쌀을 먹어치우는 셈이었기에 마오쩌둥은 참새를 박멸하면 인민의 기아 문제를 해결할 수 있다는 확신에 빠졌습니다.

1958년 대대적인 참새박멸운동이 시작되었고, 이 운동은 다른 지역으로도 퍼져서 전국적으로 총 2억 마리가 넘는 참새가 박멸되었지만, 마오쩌둥의 기대와 달리 결과는 충격적이었습니다. 해충을 잡아먹던 참새가 박멸되자, 대신 해충이 막대하게 번식하며 농작물이 초토화되고 각종 질병의 발병률이 높아졌던 것입니다. 그 외에도 여러 복합적인 악재가 겹치며 중국사에 길이 남을 대흉년이 들었고, 결국 4,000만 명의 사람들이 굶어 죽는 대참사가 발생하게 되었습니다.

하지만 이처럼 거대한 역사적 사실을 들춰낼 필요도 없이 당장 우리 눈앞의 길거리에 친숙하게 늘어진 낙엽에서도 우리는 위자패지(爲者敗之)의 교훈을 얻을 수 있습니다. 부대의 군인들에게는 자연이 던져대는 저주받은 쓰레기처럼 보일 수 있지만, 낙엽을 과도하게 제거하는 행위는 생각지도 못한 나비효과를 일으킬 수 있습니다. 낙엽은 자연의 중요한 일부분이며, 이를 지나치게 제거하면 생태계의 균형이 파괴될 수 있기 때문입니다.

낙엽은 시간이 지나면서 분해되며 자연산 비료의 역할을 합니다. 이는 토양에 유기물을 공급하고, 질소, 인, 칼륨과 같은 중요한 영양소를 보충하여 식물이 건강하게 성장할 수 있도록 돕습니다. 그리고 다양한 곤충과 작은 생물들에게 서식지를 제공하는 등 생태계의 먹이사슬에서 중요한 역할을 합니다. 또한 낙엽은 토양을 덮어줌으로써 토양의 수분이 햇빛에 의해 과도하게 마르지 않도록 보존하고, 비에 토양이 씻겨나가는 것을 방지하는 역할을 합니다. 게다가 겨울철에는 단열재 역할을 하며 땅의 온도를 유지시켜 식물의 뿌리와 토양 속 생물들이 극단적인 온도 변화로부터 보호받을 수 있게 합니다.

결론적으로 낙엽은 단순한 나무 잔여물이 아니라 생태계의 중요한 구성요소이며 실제로 일부 환경단체에서는 낙엽을 너무 제거하지 말자는 운동을 하기도 합니다.

이처럼 인간이 인위적으로 일을 크게 벌일수록 자연의 순리를 크게 거스르며 거대한 역풍을 맞을 가능성도 높아집니다. 지혜에 대한 강박관념에 빠진 사람은 세상을 훌륭한 지혜로 이끌어 가지 않으면 큰일이 날 것 같은 불안감을 느끼기도 합니다.

하지만 45억 년인 지구의 나이를 1년으로 압축하면, 인류는 마지막 날인 12월 31일에 탄생한 생물계의 신참 중의 신참일 뿐이며, 인류가 태어나기 전인 364일 동안 지구는 아무 문제없이 잘 돌아갔고, 인류가 태어났다고 딱히 지구가 좋아진 것도 없습니다.

노자와 장자는 인간의 지혜가 없어도 어차피 세상은 잘만 돌아가고 있으니 오히려 생각을 버리고 마음을 비우면 세상은 훨씬 더 조화로워질 것이라고 말합니다.

인간 기준에서 보면 지능이 없다시피 한 꿀벌도 정교하고 규칙적인 벌집

위자패지

꿀벌의 정교한 건축 솜씨

을 만듭니다. 벌집은 그 구조적 견고함 덕분에 자체 무게의 30배가 넘는 꿀을 저장할 수 있습니다. 비버는 물의 흐름을 조절하고 홍수 피해를 줄일 정도로 거대한 댐을 건설합니다. 두더지는 환기와 배수 시스템까지 갖춘 정교한 땅굴을 구축합니다. 이는 누가 인위적으로 가르친 것이 아니라, 자연스러운 본성에 따라 스스로 그리할 수 있게 된 것입니다.

장자는 도道를 깨달은 자를 '참된 사람'이라는 뜻의 '진인(眞人)'이라고 불렀으며, 진인의 모습을 다음과 같이 서술했습니다.

진인(眞人)이란

진인은 무슨 일을 하든 억지스럽지 않았다. 잘못했다고 후회하지도 않았고 잘했다고 자만하지도 않았다. 이 세상에 태어난 것을 기뻐하지도 않았고 저 세상으로 돌아가는 것을 슬퍼하지도 않았다. 그저 무심히 왔다가 무심히 갈 뿐이었다.

잠이 들면 꿈도 꾸지 않았고 깨어나서는 근심이 없었다. 가을날처럼 냉담하기도 했다가 봄날처럼 온화하기도 했다. 기쁨과 노여움이 사계절의 변화와 부합하여 그 한계를 알 수 없었다.

그는 세간의 평가에 연연하지도 않았다. 누가 자신을 소라 부르면 소라고 생각하고, 말이라 부르면 말이라 생각할 뿐이었다.

이처럼 진인은 억지스러움이라고는 조금도 없는 마치 자연 그 자체인 듯한 존재입니다. 진인은 억지로 평온한 척, 인자한 척, 고결한 척 하지도 않습니다. 본인을 포장하려고 억지로 애쓰는 행위 자체가 도(道)를 손상시키고 스스로를 시들게 한다는 것을 알기 때문입니다. 심지어 노자와 장자는 성인군자의 필수덕목으로 여겨지는 인의예지(仁義禮智)조차도 오히려 세상의 혼란을 초래하는 억지스러운 요소들이며, 진정한 덕은 인의예지를 실천하겠다는 마음마저도 비워버린 무심한 경지에서 발현된다고 했습니다.

다만 이런 내용들 때문에 노장사상을 비판하는 사람들도 있습니다. 그들은 노장사상이 널리 퍼지면 이 세상이 무법천지가 될 것이라고 우려하며, 평화를 위해서는 강력한 법과 처벌을 내세워야 한다고 주장하기도

위자패지

합니다. 하지만 과연 그럴까요? 노장사상을 깊이 이해한다면 실상은 그 반대라는 것을 알 수 있습니다.

당장 한국만 해도 중범죄를 저지르면 교도소에 간다는 사실을 모르는 사람은 없습니다. 하지만 한국에 과연 중범죄가 없나요? 중범죄자를 재깍재깍 사형시키는 사형제 국가에서는 과연 중범죄가 없나요? 강력한 법을 내세워도 범죄는 사라지지 않고, 오히려 법을 아슬아슬하게 어기지 않는 선까지의 도덕적 해이가 만연하는 부작용이 발생하기도 합니다.

반면 노장사상은 얼핏 보면 억압적인 '법'을 반대하는 철학 같지만, 알고 보면 노장이 경계하는 진정한 억지의 극치는 '범죄'입니다. 범죄는 타인의 본성, 권리, 신체 등을 부자연스럽게 침해하는 행위이기 때문입니다. 따라서 많은 사람들이 노장사상을 받아들일수록 오히려 서로가 서로를 존중하는 건강한 사회가 구현될 수 있습니다.

즉, 노장사상은 얕게 이해하느냐 깊게 이해하느냐에 따라 정반대의 방향으로 해석되기에 일반인과 진인의 삶의 방식은 다를 수밖에 없습니다. 진인이 항상 마음이 넉넉하고 평안할 수 있는 이유는 세상만사는 인위적인 조작 없이도 스스로 잘 흘러갈 수 있음을 예리하게 통찰하고 있기 때문입니다. 우리도 혼자서 세상 모든 괴로운 짐을 안고 가려 하지 말고, 진인처럼 자연의 조화를 믿고 세상만사를 속 시원하게 알아서 흘러가도록 내버려두는 것은 어떨까요?

여담이지만, 저는 노자와 장자의 책을 읽다보면 종종 비틀스의 세계적인 명곡 〈Let it be〉가 떠오르는데, 이 곡은 불안과 혼란 속에서 어떤 초월적인 존재가 다가와 조용히 위로를 건네는 장면으로 시작합니다(경전번역가 정창영 선생님의 번역을 덧붙입니다).

"When I find myself in times of trouble   내가 근심 걱정으로 힘들 때

Mother Mary comes to me   어머니 마리아께서 오셔서

Speaking words of wisdom, let it be."   지혜의 말씀을 들려주셨죠. '내버려두어라.'

도입부에서부터 인생을 순리대로 내버려 두라는 진리를 전달하고 있으며, 특히 반복되는 후렴에서는 그 진리에 대한 투철한 신앙심까지 느껴집니다.

"Let it be, let it be, let it be, let it be   내버려두어라, 내버려두어라, 내버려두어라,
                                             내버려두어라

Whisper words of wisdom, let it be."   지혜의 속삭임을 들려주셨죠. '내버려두어라.'

시대와 언어와 인종이 달라도 높은 깨달음의 경지에 오른 사람들의 통찰은 한길로 통한다는 사실을 다시금 실감하게 됩니다.

무위자연

無爲自然

인위를 버리고 자연스럽게 산다

천근이 은양을 지나 요수 근처에서 무명인을 만나 물었다.

"천하를 다스리는 법을 가르쳐 주시겠습니까?"

무명인이 말했다.

"무슨 그런 불쾌한 질문을 하느냐? 나는 지금 조물주와 벗이 되어 노닐고, 싫증이 나면 아스라이 날아가는 새를 타고 육극을 벗어나 아무것도 없는 마을에서 노닐다가, 사방 끝없는 들판에서 쉴 것이다. 그런데 어찌하여 세상 다스리는 일로 내 마음을 어지럽히려 하느냐?"

그러나 천근이 단념하지 않고 거듭 청하자, 무명인은 마지못해 짧게 답했다.

"너는 마음을 고요히 하고, 기를 맑게 하나로 모으며, 사물의 자연스러운 변화에 따르되 모든 것을 내려놓고 무심(無心)의 경지로 돌아가라. 그러면 천하는 저절로 잘 다스려질 것이다."

_장자, 『장자』 응제왕

이 책의 최종 장이자 노장사상의 핵심 중의 핵심은 '무위자연'입니다. 어찌 보면 노자와 장자의 수많은 비유와 설명, 그리고 이 책의 모든 내용은 바로 이 무위자연을 체감하기 위한 기초지식이라고도 볼 수 있습니다. 하지만 무위자연만큼 정반대로 오해받는 사상도 드뭅니다. 많은 사람들이 무위자연이란 단어를 "아무것도 하지 않고 자연 속으로 도피하여 유유자적하게 살아라."라는 식으로 해석하지만, 실은 그 반대입니다.

노장사상에서 말하는 '무위'라는 개념은 "모든 인위적인 사회의 규제나 속박을 벗어던지라."는 의미입니다. 또한 '자연'이라는 개념 역시 산·바다 등의 자연환경이 아니라 "모든 사물과 현상의 본성 그대로의 상태"를 의미합니다. 즉, 이런 무위와 자연이 합쳐진 무위자연(無爲自然)이라는 사상은 "인위적인 개입이나 규제에 얽매이지 않고 세상 만물이 서로의 본성을 철저히 존중하고 추구하는 상태"라는 한없이 과감하고 자유분방한 의미를 가지고 있습니다.

다만 모든 구성원들이 제각기 본성을 철저히 추구한다면, 세상이 무한경쟁, 약육강식의 시대가 되지 않을까 염려될 수도 있습니다. 하지만 노자와 장자가 말하는 철저한 '본성'은 탐욕적인 '본능'과는 그 결이 조금 다릅니다. 물론 이 두 가지를 엄밀히 구분하는 것은 무척 복잡하고 어렵지만, 억지로나마 음식에 비유하여 설명할 수 있을 것 같습니다.

본능에 사로잡힌 사람은 끊임없이 음식으로 미각을 자극합니다. 그렇기에 남을 돌아볼 여유도 없으며, 잠시는 즐거울지 몰라도 나중에는 설사, 구토, 소화불량으로 큰 고통을 겪게 됩니다. 반면 본성을 현명하게 추구하는 사람은 속이 편안할 만큼만 적당히 음식을 먹습니다. 그리고 남은 음식은 자연스럽게 다른 사람과 나누게 됩니다. 과도한 음식이 불필요할 뿐만 아니라 남이 즐거워야 자신도 즐겁기 때문입니다.

심리학자 서은국 교수는 진화심리학적으로 봤을 때, 인간의 뇌는 인간의 생존과 번식확률을 높이는 방향으로 프로그래밍 되어왔기 때문에 인간은 사회적 행동을 할 때 보상으로 행복감을 느낀다고 하였습니다. 즉, 음식을 적당히만 먹고 남과 나누는 행위는 윤리적인 양보나 타협이 아니라 그저 자신의 자연스러운 본성에 충실한 결과일 뿐입니다. 따라서 노자와 장자는 공동체의 구성원들이 각자의 본성을 존중하고 추구하면, 사회는 자연스럽게 무한경쟁이 아닌 평화의 시대로 나아간다 했습니다.

근시안적인 일희일비에서 벗어나 큰 시야로 관찰해 보면, 우주 자연은 항상 정교한 조화를 이루고 있는데, 그 조화의 전제조건은 세상 만물 각자가 철저하게 자신의 본성을 추구해야 된다는 것입니다.

물은 철저하게 낮은 곳으로 흘러야 바다가 생길 수 있습니다. 파리는 철저하게 배설물과 사체를 좋아해야 이 세상이 청소가 됩니다. 연어는 철저하게 흐르는 강물을 거슬러 올라야 숲의 동물들이 바다의 풍부한 영양소를 전달받을 수 있습니다. 만약 세상 만물이 자신의 본성을 따르지 않거나 남의 본성에 간섭하려 한다면 세상은 거대한 혼란에 빠지게 됩니다.

즉, 세상 만물 각자가 철저히 자신의 타고난 방향으로 움직이는 다양성이 우주 조화의 원동력이 됩니다. 만약 어떤 사람이 인위적으로 자신의 타고난 방향을 벗어나거나 남의 방향까지 간섭하게 되면, 심신은 탈진하여 시들어가고 우주 조화의 원동력까지 흐트러뜨리는 악순환에 빠질 것입니다.

장자의 말에 따르면, 태고의 제왕 혁서씨의 시대에는 사람들이 거창한 삶의 목표를 세우지도 않았고 입안 가득 밥만 먹어도 즐겁게 배를 두드리며 놀았으나, 인위로 세상을 다스리려는 사람이 나타나면서 사람들은 점점 지식을 쌓고 앞다투어 이익을 좇게 되며 세상에는 멈출 수 없는

혼란이 오게 되었다고 합니다.

　노자와 장자는 어린 아이의 모습으로 돌아가는 것이 진정한 도道의 자세라고 말합니다. 일반적으로 사람들은 나이가 들수록 쓸모 있어 보이는 것에만 흥미를 느끼게 되지만, 그들의 쓸모란 주로 타인과 사회의 기준에 따른 것입니다. 하지만 아이들은 그러지 않습니다. 어른의 눈으로 봤을 때는 전혀 쓸모없어 보이는 공기놀이, 숨바꼭질, 고무줄놀이 등에 재미를 느끼고 행복해합니다. 남의 쓸모가 아니라 철저히 나의 쓸모, 나에게 철저히 재밌는 행동을 할 뿐이지요.

　장자는 이런 식으로 본성에 철저히 집중하여 진정 나에게 쓸모 있는 것을 행하라고 합니다. 마음껏 유치해지고 소박해지고 내 눈앞의 작은 일들에 집중하는 것, 그것이 실제로는 이 우주 전체가 조화를 이루게 하는 가장 크고 거대한 원동력이라고 말합니다. 이러한 깨달음에 도달한 사람은 간단한 요리를 해먹고 설거지를 하면서도, 작은 방바닥을 빗자루질을 하면서도 세상의 조화에 기여하는 듯한 마음의 평화를 얻을 수 있을 것입니다.

1979년 노벨평화상을 수상한 테레사 수녀는 "세계 평화를 위해 무엇을 할 수 있을까요?"라는 기자의 질문에 이렇게 답했습니다.

"집에 가서 가족을 사랑해 주세요."

테레사 수녀의 진정한 의도가 뭔지는 알 수 없지만, 아마도 이를 '천리 길도 한 걸음부터'의 의미로 받아들이는 사람이 많을 것입니다 일단 작은 것부터 실천하고, 더 나아가 조금씩 세계 평화에 도움이 되는 일을 해보라는 식으로 말이지요.

하지만 노자와 장자는 이 말을 조금 다르게 받아들였을 것 같습니다. 그들에게는 가족을 사랑하는 일은 세계 평화를 위한 출발점이 아니라 그 자체가 도착점이자 목적지일 것입니다. 그들이 그 현장에 있었다면 아마 이렇게 말하며 테레사 수녀의 말에 적극 동조하지 않았을까요?

"아무렴요. 각자가 눈앞의 작은 행복과 본성에 철저히 충실한 것이 우주 전체의 조화를 이루는 가장 빠르고 정확한 길이지요."

불립문자
不立文字

진정한 진리는 말이나 글로 전할 수 없다

제나라의 환공이 책을 읽고 있을 때, 뜰아래에서 수레바퀴를 깎고 있던 목수가 환공에게 물었다.

"임금님께서 읽고 계신 것은 무엇입니까?"

환공이 대답했다.

"옛 성인의 말씀이다."

그러자 목수가 말했다.

"그렇다면 임금님께서 읽고 계신 것은 옛사람이 남긴 찌꺼기일 뿐이군요."

환공이 화를 내며 말했다.

"어찌 그런 무례한 말을 하느냐? 네 말에 납득할 설명이 없다면 죽음을 면치 못할 것이다."

목수가 답했다.

"제가 수레바퀴를 깎을 때, 너무 느슨하면 헐렁해서 견고하지 않고, 너무 빠듯하면 빡빡해서 들어가지 않습니다. 이 적당한 조화는 손에 익고 마음이 그에 호응하여 가능한 것이지, 말로 설명할 수 있는 것이 아닙니다. 저는 그 감각을 아들에게도 가르쳐 줄 수 없고, 아들도 저에게서 배울 수 없습니다. 옛사람과 그 정신은 함께 사라졌으니, 임금님께서 읽고 계신 것은 그저 옛사람이 남긴 찌꺼기일 뿐입니다."

_장자, 『장자』 천도

노자와 장자는 자신의 말과 글마저 한 번 더 부정하는 역설적인 모습을 보여줍니다. 장자는 자신의 저술조차도 도道를 온전히 묘사하기에는 부족한 찌꺼기에 비유될 수 있음을 암시했고, 노자는 자신의 저서『도덕경』첫머리에서부터 "도道를 도道라고 말하는 순간, 그것은 이미 참된 도道가 아니다."라고 말하며 도道를 설명하려는 시도 자체가 그 본질을 벗어난 것임을 명확히 합니다. 그들은 언어로 도道를 규정하거나 설명하는 순간 도道의 진정한 본질이 왜곡된다고 보았습니다.

사실 언어는 우리가 생각하는 것보다 훨씬 불완전합니다. 방구석에 굴러다니는 단순한 장난감조차 언어만으로는 그 특징을 온전히 표현할 수 없으며, 상대방에게 장난감의 특징을 아무리 자세히 말과 글로 설명해

봤자 직접 한 번 보여주는 것만 못합니다. 하물며 형태도, 크기도, 색깔도, 냄새도 없는 도道를 언어로 표현한다는 것은 그야말로 어불성설입니다.

　노자와 장자는 이미 이런 언어의 한계를 통찰했기에, 『장자』에 등장하는 '도道를 깨친 현자들'은 누군가가 진리를 알려달라고 조를 때마다 멀리 도망가거나, 꿀 먹은 벙어리가 되거나, 모른다고 하거나, 곤란하다는 식으로 대처합니다. 현자들 역시 도道를 언어로 완벽히 표현하는 것이 불가능하다는 것을 알았기 때문이지요.

수많은 인류의 영적 스승들은 자신들의 가르침을 글로 남기면서도, 제자들이 그 글 자체에 집착하는 것을 경계했습니다. 그들은 제자들이 자신의 글을 진리에 도달하는 하나의 수단으로만 삼고, 진리에 도달한 후에는 그 글조차 비워버리길 바랐습니다. "집착하지 말라."고 말했던 석가모니는 사람들에게 가르침 자체에 집착하지 말라고 강조했고, "자연스럽게 살라."고 말했던 노자와 장자는 사람들에게 억지로 자연스러움을 추구하지 말라고 강조했습니다.

　이러한 관점은 단순히 아시아 지역의 문화적 특성에서만 비롯되는 것이 아닙니다. 동서양의 종교와 사상을 폭넓게 연구한 여러 학자들은 많은 현자들의 가르침이 본질적으로 비슷한 방향성을 가진다고 이야기합니다. 특히 세계적인 비교종교학자인 오강남 교수는 종교를 표층과 심층으로 나누어 중요한 관점을 제시합니다. 그의 분류에 따르면, 종교의 표층은 교리, 의식, 전통, 상징 등의 외형적 측면을 의미하고, 심층은 모든 종교가 궁극적으로 추구하는 초월적 진리나 영적 깨달음의 측면을 의미합니다.

오 교수는 산타클로스를 예로 들어 종교의 표층과 심층을 쉽게 설명합니다. 어린이들은 착한 일을 하면 산타클로스가 선물을 준다고 믿지만, 성장하면서 그것이 사실이 아님을 알게 됩니다. 그러나 진정한 의미를 이해한 사람은 사회, 국가, 이웃들과 사랑을 나누는 것이 산타클로스의 정신이라는 사실을 깨닫게 됩니다. 이는 종교의 경전을 글자 그대로 믿는 것과, 그 내면의 의미를 이해하는 것의 차이와 비슷합니다. 종교의 경전을 문자 그대로 믿는 것은 어른이 되어도 산타클로스가 선물을 준다고 믿는 것과 같은 셈이지요. 더하여 오 교수는 어떤 종교를 믿든 경전의 문자에 집착하지 말고 그 문자를 넘어선 내면의 진리를 깨달을 수 있다면, 모든 종교는 근본적으로 유사한 맥을 공유한다고 이야기합니다.

결국 도道를 진정으로 깨닫기 위해서는 도道를 설명하는 언어마저도 초월해야 합니다. 손가락 자체(말이나 글)가 아니라 손가락이 가리키는 방향(도道의 세계)을 봐야 합니다. 도道를 설명한 언어는 그저 목적지로 가는 것을 도와주는 사다리일 뿐, 목적지 그 자체가 아닙니다. 도道를 온전히 이해하기 위해서는 언어의 울타리를 벗어나 완벽하게 고요한 무념무상과 허무의 경지로 들어가야 합니다.

❀

노자와 장자는 인간이 도道에 도달하기 위해서는 도道를 얻고자 하는 의지와 노력조차 완전히 비울 것을 강조했으며, 이런 지극히 텅 빈 마음이 되어야 비로소 도道가 깃든다고 했습니다. 몸과 정신을 떨어버리고, 모든 외물을 망각하고 집착을 풀고 정신의 속박에서 벗어나 아무것도 모르는 백지 같은 상태가 되어 자연의 흐름에 무심히 섞여 하나되어 흘러갈 때, 마침내 설명할 수 없는 미묘한 도道의 세계가 드러날 것이라고 말했습니다.

하지만 도인(道人)의 경지에 이른다는 것이 어디 쉬운 일이겠습니까. 저 역시 힘들고 지친 일상을 어떻게든 견디며 하루하루를 살아가는 평범한 중생에 불과합니다. 매정하고 차가운 현실 속에서 흔들리는 마음을 다잡고자 그저 매일매일 애쓰고 있을 뿐이지요. 평생 도달할 수 있을까 싶을 만큼 아직도 도道는 멀리멀리 떨어져 있지만, 그래도 많은 분들이 도道에 가까워져 가는 여정을 통해 내면의 평화를 얻고, 더 나아가 우리가 속한 이 지구 전체가 조금이라도 더 평온하고 조화로워지기를 진심으로 바랍니다.

권대경 드림

에필로그

도가사상
훑어보기

시대적 배경

중국 역사상 최초의 왕조인 상나라는 왕실 중심의 정치체제로 강력한 왕권을 행사했습니다. 그러나 왕실의 과도한 착취와 통제에 불만을 품은 지방 귀족의 반발 등으로 내부갈등이 커지면서 국력이 쇠하기 시작합니다.

이런 상나라를 멸망시키고 기원전 1046년에 건국된 주나라는 당시 세계적으로도 독특한 정치적 체제인 봉건제도를 시행했습니다. 중앙집권제와는 일부 반대되는 성향의 새로운 통치모델인 봉건제도는 일종의 왕실 중심의 느슨한 연합체제입니다.

상나라의 멸망 후 갑작스럽게 광대한 영토를 지배하게 된 주나라의 입장에서 당시의 교통과 통신 기술로는 모든 지역을 직접 통치하기란 현실적으로 어려웠습니다. 그래서 각 지역에 신뢰할 수 있는 지도자를 두어 자치권을 부여하고 중앙의 주 왕실은 간접적으로 통치하는 체계를 세웠던 것이지요.

주나라의 최고 통치자인 천자는 하늘의 명령을 받은 자로 간주되어 신성한 권위를 가졌으며, 천자는 왕족과 공신들을 제후로 임명하고 영토를 나눠주며 그들을 해당 지역의 통치자로 삼았습니다.

제후들은 상당한 자치권을 보장받아 자신들의 영토를 독립된 작은 국가처럼 운영했습니다. 다만 제후들도 자신들의 권리만 무한정 누리는 것이 아니라, 정기적으로 공물을 바치거나 군사적으로 왕실을 지원하는 방식으로 봉건체제의 의무를 다했습니다. 상나라가 중앙집권적인 통치체제를 유지하다 지방 귀족들의 반발이 커지고 왕조의 붕괴로 이어졌기에, 주나라는 그 실패를 교훈 삼아 좀더 유연한 봉건제도를 통해 지방자치를 허용하며 통치 안정성을 확보하려 했습니다.

하지만 문제는 자치권이 보장된 지 오래되자, 제후국들의 힘이 강화되며 왕실의 통제에서 벗어나 독립적인 정치세력으로 성장했다는 것입니다. 그리고 일부 강력한 제후국은 주 왕실의 권위를 무시하기 시작했습니다. 결국 봉건제도는 약화되고 붕괴되었으며, 제후국 간의 무한경쟁에 돌입하며 중국은 춘추전국시대를 맞이합니다.

춘추전국시대란 춘추시대(기원전 770년~기원전 403년)와 전국시대(기원전 403년~기원전 221년)를 합쳐서 일컫는 말입니다. 춘추시대에는 무려 170여 개나 되는 제후국이 존재할 때도 있었습니다. 다만, 국가 수는 많았지만 대다수는 작은 제후국들이었고, 강력한 몇몇 제후국이 전체 질서를 조율

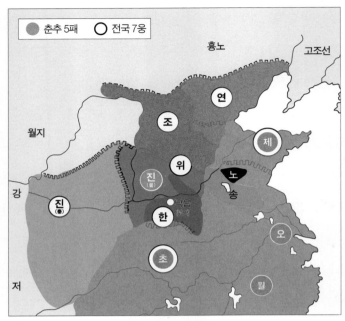

춘추전국시대의 지도

하며 명목상으로 어느 정도는 주나라 천자의 권위를 인정했습니다. 제후국 간의 중요한 동맹 체결이나 대규모 전쟁 시의 명분은 종종 천자의 이름을 빌려 이루어졌으며, 패권을 잡은 제후국도 표면적으로는 천자를 보좌하고 왕실의 질서를 지킨다는 명분을 내세웠지요. 또한 제후국들은 의례나 제사를 통해 천자의 권위를 간접적으로 인정하기도 했습니다.

하지만 전국시대에 들어서 국가의 수는 약 20여 개로 줄어들었지만, 제후국 간의 경쟁은 더욱 치열해졌습니다. 제후국들의 독립성이 강화되며 천자의 권위는 거의 완전히 사라졌습니다. 여러 제후국의 제후들은 스스로를 왕이라 칭하며 주나라 왕실과의 관계를 단절했습니다. 이런 흐름이 지속되고 사회의 전통적 질서는 점점 무너지며 중국 대륙은 그야말로 대혼란에 빠지게 됩니다(여담이지만, 중국 대륙이 얼마나 많은 나라로 잘게 조개졌는 지, 왼쪽 춘추전국시대의 지도를 보면 상대적으로 한반도가 커 보일 정도입니다. 이 시기의 중국이 얼마나 혼란스러웠을지 상상되는 대목입니다).

제자백가의 등장

제후국들의 생존경쟁이 치열해지며 뛰어난 인재들에 대한 수요가 늘어났고, 자연스럽게 다양한 학파와 사상가들이 정치적 조언자나 개혁가로 등장하여 활동했습니다. 각 제후국들은 효율적인 정치체제, 경제제도, 군사전략 등이 필요했으며 이를 뒷받침할 학문이 필요했습니다. 이 시기에 등장한 제자백가(諸子百家)는 각국의 정치개혁과 정책에 깊이 관여하며 국가 발전에 기여했습니다.

제자(諸子)는 여러 스승이나 철학자를 의미하고, 백가(百家)는 다양한 학파를 의미합니다. 즉, 제자백가란 춘추전국시대의 혼란 속에서 등장한 다양한 사상가와 학파를 총칭하는 단어입니다. 셀 수 없이 많은 학파 중 주요 학파의 대표적 학자와 특징을 요약하면 다음과 같습니다.

- 유가(儒家): 공자·맹자. 도덕과 인의를 중시하며 예를 통한 질서 유지를 주장
- 도가(道家): 노자·장자. 자연에 순응하고 무위를 강조하며 인위적인 질서를 비판
- 법가(法家): 한비자·상앙. 법과 제도를 통해 강력한 국가를 구축하는 실용적 측면에 주력

- 묵가(墨家): 묵자. 보편적 사랑을 내세우며 전쟁을 반대하고 평화를 강조

- 병가(兵家): 손자. 전쟁과 군사 전략에 치중

- 명가(名家): 혜시·공손룡. 논리학과 언어의 문제를 연구

- 음양가(陰陽家): 추연. 음양오행을 통한 우주·자연·인간의 조화를 설명

- 농가(農家): 허행. 농업을 기반으로 한 평등하고 조화로운 사회를 강조

- 종횡가(縱橫家): 소진·장의. 외교와 정치술을 중시

춘추전국시대의 혼란 속에서 유가, 도가, 법가, 묵가 등 다양한 사상적 학파가 번성하며, 중국은 유럽의 르네상스에 비견될 만한 사상적 황금기를 열었습니다. 제자백가의 사상은 오늘날에도 리더십, 윤리, 환경, 전략, 다양성 등 여러 면에서 중요한 의의를 지닙니다. 이들의 업적은 과거의 철학으로만 머무르지 않고, 오늘날의 복잡한 사회적·정치적·경제적 문제를 해결하는 데 영감을 주는 살아 있는 지침으로 활용되고 있습니다.

노자의 등장

제자백가 중 도가(道家)의 창시자인 노자는 우주 만물의 근원적 원리인 '도道'를 체계적으로 재해석하며, 동양을 넘어 세계 철학계에 거대한 영향을 미쳤습니다. 그러나 그의 일생에 대한 기록은 매우 제한적이어서 출생 시기, 본명 등의 기본적인 사항조차 명확하지 않으며 많은 부분이 역사적 추정, 전설, 신화에 의존하고 있습니다.

노자는 기원전 571년부터 기원전 471년 사이에 살았다고 추정됩니다. 초나라의 고현 지방 출신이며, 본명은 이이(李耳), 자는 담(聃)으로 알려져 있습니다. 하지만 그의 거대한 철학적 업적 덕분에 본명과는 별개로, '나이를 초월한 지혜롭고 존귀한 사상가'라는 뜻이 담긴 노자(老子)라는 존칭으로 불리게 되었습니다. 여담으로 어머니의 뱃속에서 80년 동안 있다가 태어났으며, 출생 당시 이미 백발과 긴 귀를 지닌 상태였기에 '노자'라고 불리게 되었다는 흥미로운 전설도 있습니다. 물론 비현실적인 내용이지만 그만큼 노자의 연륜과 학식이 깊고 뛰어났음을 상징적으로 표현한 이야기라고 볼 수 있습니다.

노자는 주나라 왕실의 도서관 관리자로 일했습니다. 덕분에 방대한 도서관의 수많은 고대 문헌과 기록을 접하며 그는 세상에 대한 깊은 통찰력을 얻었습니다. 또한 다방면의 지식을 접하며 열린 사고를 바탕으로 당대의 고정관념을 깨는 독창적인 사상을 펼쳤습니다. 예를 들어 당시에는 동서양을 막론하고 "사람은 똑똑하고 강해야 한다."는 식의 가르침이 주류였으나, 노자는 반대로 "사람은 부드럽고 어리석어야 한다.", "강한 것은 부러지기 쉽고 부드러운 것은 온전하다."라고 역설하는 등 시대와 상반되는 참신하고 파격적인 철학을 제시했습니다.

훗날 주나라가 쇠퇴하고 사회가 혼란에 빠지자, 왕실과 사회의 인위적인 질서에 환멸을 느낀 노자는 관직을 그만두고 서쪽으로 떠나 은둔하기로 마음먹습니다. 전설에 따르면, 마침 서쪽 관문인 함곡관을 지키던

국경 관리인 윤희가 노자의 깊은 지혜에 감명을 받아 가르침을 달라고 요청했고, 이때 노자가 5,000자 분량으로 써준 책이 바로『도덕경』이라고 합니다.

노자는 서쪽으로 떠난 뒤 다시는 모습을 드러내지 않았다고 합니다. 이는 그가 세속에서 벗어나 자연과 조화를 이루며 살았다는 상징적 의미로 해석됩니다. 그는 자연 속에서 소박하게 생을 마감했을 것으로 추정되며, 그 시기와 장소는 명확하지 않습니다.

노자의 『도덕경』

도가사상의 시작이자 도가학파의 가장 중요한 근본 경전인『도덕경』은 중국 철학뿐만 아니라 세계 철학에까지 거대한 영향을 미친 작품입니다. 이 책은 약 5,000자로 이루어진 간결한 문장 속에 철학, 정치, 윤리, 자연, 우주에 대한 깊은 통찰을 담고 있기에 "5,000자로 세상 모든 진리를 담았다."는 극찬을 받기도 합니다.『도덕경』은 총 81장으로 구성되며, 내용상 도경(道經)과 덕경(德經), 크게 두 부분으로 분류되기도 합니다.

- 도경(道經): 우주의 근본 원리인 도(道)에 대한 철학적 설명을 다룸(1~37장)
- 덕경(德經): 도(道)에 따라 살아가는 인간의 덕(德)과 그 실천에 대해 다룸(38~81장)

『도덕경』은 문장이 매우 간결하고, 함축, 상징적이어서 다의적인 해석이 가능하다 보니 중국 고전 가운데 주석서가 가장 많은 책이며, 서양에서는 가장 많이 번역된 동양고전 중 하나로 꼽힙니다. 따라서 서양의 철학자와 문학가들에게도 큰 영향을 미쳤습니다. 예를 들자면 니체, 하이데거, 톨스토이, 헤르만 헤세 등 수많은 학자들이 『도덕경』의 사상에서 큰 영감을 받았다고 알려져 있습니다.

장자의 등장

장자는 노자의 사상을 계승하고 다채롭게 발전시킨 도가의 핵심 인물로 평가받습니다. 그는 노자와 함께 도가사상의 양대 산맥으로 평가받으며, 중국을 넘어 세계 철학계에 중요한 유산을 남겼습니다. 하지만 그의 일생에 대한 기록 역시 노자와 같이 매우 제한적이어서 출생 시기, 직업 등의 기본적인 사항조차 명확하지 않습니다.

장자는 기원전 369년부터 기원전 286년 사이에 살았다고 추정됩니다. 송나라의 몽 지방 출신이며, 본명은 장주(莊周), 자는 자휴(子休)로 알려져 있습니다. 그는 여러 제후국에서 고위직을 제안받았지만 이를 거절하며 자신의 소박한 철학적 신념을 평생 지켰습니다. 옻나무 밭을 관리하는 말단 관리로 일했던 것이 아마도 그가 정식으로 밥벌이를 한 유일한 직업이었을 것으로 알려집니다.

장자는 자유로운 정신세계에 대한 강렬한 열망과 추구를 보여주었습니다. 때문에 많은 학자들은 장자의 사상이 인간 내면 깊은 곳에 자리한 정신세계와 매우 잘 부합한다고 평가합니다. 장자의 사상은 무한히 열려 있고 유연하기에, 유교의 엄격한 규율과 불교의 엄격한 수행에 짓눌린 사람들에게 정신적 쉼터와 해방감을 제공했습니다.

장자는 노자의 도道 사상을 철학적으로 심화하며, 인생의 구체적 문제들에 대해 더욱 실천적이고 창의적인 해석을 제시했습니다. 때문에 같은 도가학파에 속한 양대 거장이지만, 노자와 장자의 철학은 미묘한 차이를 보입니다. 아래는 그 차이를 간단하게 정리한 것입니다.

	노자	장자
저서	『도덕경』	『장자』
문체	간략한 문장(5천여 자)	광대하고 풍부한 문장(10만여 자)
주요 사상	도, 무위자연, 덕, 정치철학 등	자유, 상대주의, 소요유, 생사 초월 등
사상의 초점	우주의 근원적 원리와 자연의 흐름을 따르는 삶	인간의 내면적 자유와 삶의 초월적 의미 강조
정치와 사회	무위의 통치를 강조하며 억압 없는 이상적인 사회를 추구	정치적·사회적 속박에서 벗어나 자유로운 개인의 삶을 강조
사상적 의의	도가사상의 철학적 기초 수립	도가사상을 인간 중심적이고 실천적으로 확장

장자의 『장자』

『장자』라는 책은 장자 한 사람의 작품이 아니라 그와 그의 후계자들의 집단창작물로 여겨집니다. 원래는 70여 편이 전해져 오다가, 위진시대에 이르러 여러 주석가들이 자신들의 기준에 따라 편수 등을 재정비했습니다. 여러 학자들이 제각기 편집한 다양한 판본이 있었고, 글자 수가 많게는 10만여 자가 넘었던 방대한 대작으로 추정되지만, 현재는 진나라의 곽상이 정리한 33편만이 전해져 내려오고 있습니다. 일반적으로『장자』라는 책을 지칭하면 곽상이 정리한 곽상본을 의미합니다. 곽상은『장자』를 나름의 기준에 따라 내편, 외편, 잡편으로 분류했습니다.

- 내편: 7편으로 구성. 장자의 직접적인 저술 혹은 그의 말이나 생각을 기록한 것으로 추정
- 외편: 15편으로 구성. 장자의 제자 혹은 후대인들이 작성한 것으로 추정
- 잡편: 11편으로 구성. 후대인들이 작성한 것으로 추정

내편은 장자 본인의 사상으로 철학적 깊이와 체계성이 가장 뛰어나다 평가됩니다. 외편은 내편의 핵심 메시지를 이어받아 장자의 사상을 확장, 보완하는 역할을 한다고 평가됩니다. 잡편은 철학적 깊이와 체계성이 부족하며, 장자의 사상과 직접적 연관성이 낮은 내용들이 섞여 있는 것으로 평가됩니다. 즉,『장자』라는 책은 단독 저자의 순수한 텍스트는 아니라는 의견이 주류를 이루고 있습니다. 하지만 뒤에서 다룰 '현대 사회에서 도가사상의 의의'에서 더욱 자세히 설명하겠지만, 아이러니하게도『장자』는 후대의 위작이 섞인 까닭에 오히려 그 철학적 가치가 높아졌다는 평가도 많습니다.

『장자』는 철학적 깊이와 문학적 아름다움을 동시에 갖춘 고전으로, 도가사상을 한층 풍성하게 발전시킨 작품입니다. 풍부한 우화와 비유를 통

해 독자들의 자유로운 사고를 유도하며, 삶과 죽음을 초월한 통찰을 전달합니다. 장자의 사상은 오늘날에도 철학, 문학, 심리학, 예술 등 다양한 분야에서 그 가치를 인정받고 있으며 동양철학의 걸출한 유산으로 남아 있습니다.

도가사상의 핵심 개념

* 도道

도가 학파에서 가장 중요한 개념인 도道는 진리이자 만물의 근본 원리이며 우주의 창조와 운행을 관통하는 본질로 이해됩니다. 단순한 자연의 법칙뿐 아니라 모든 존재의 원천이며, 모든 변화의 원인자라는 의미까지 포함합니다.

때문에 인간은 결코 도道를 완전히 이해하거나 설명할 수 없습니다. 도道의 파생물에 불과한 천지 만물조차도 그 성질이 너무나 다양하고 미묘하여 완벽히 묘사할 수 없기 때문입니다.

어떤 것은 하늘을 날고 어떤 것은 땅을 기어다니고 어떤 것은 물속에 살고 어떤 것은 땅속에 삽니다. 어떤 것은 부드럽고 어떤 것은 날카롭고 어떤 것은 차갑고 어떤 것은 뜨겁습니다. 어떤 것은 파랗고 어떤 것은 빨갛고 어떤 것은 새끼를 낳고 어떤 것은 알을 낳습니다. 하지만 어떤 성질이든 하나를 콕 집어 그것이 도道의 성질이라고 하는 순간, 그것은 명백히 틀린 정의가 됩니다. 도道의 성질은 절대 하나에 고정되지 않고 변화무쌍하기 때문입니다.

노자는 자유자재로 변하는 물이 그나마 도道에 가장 가까운 것이라고 했습니다. 물은 형태도 없고 온도도 없으며 색깔도 없습니다. 인간의 언어로써는 이런 물의 성질조차 온전히 묘사할 수 없는데, 하물며 물보다 더 변화무쌍한 도道를 파악하고 소유한다는 것이 어찌 가능하겠습니까.

따라서 노자와 장자는 인간이 도道에 도달하기 위해서는 도道를 얻고자 하는 의지와 노력조차 완전히 비울 것을 강조했으며, 이러한 텅 빈 마음에 이르러야 비로소 도道가 깃든다고 했습니다. 심신을 완전히 내려놓고 털 한 가닥보다도 가벼운 상태가 되어 자연의 흐름에 무심히 순응할 때 비로소 도道와 한몸이 될 수 있다고 했습니다.

• 무위(無爲)

도가의 사상을 수박 겉핥기로 접한 사람들은 흔히 무위라는 개념을 "소극적으로 아무것도 하지 않겠다."는 의미로 해석합니다. 하지만 '무위'란 아무것도 하지 않는다는 것이 아니라 '인위'를 하지 않는다는 의미입니다.

도가에서의 인위란 '억지로 무언가를 하려는 것'을 의미합니다. 즉 인간이 자신의 이익을 위해 자연스러운 질서를 방해하거나 무언가를 조작하는 행동인 인위는 우주의 근본 원리인 도道에 어긋난 행위로 간주됩니다. 과도한 욕망·부·명예·권력 추구, 인위적인 법과 제도 등은 자연스러운 인간 본성과 자유를 훼손하고 사회적 갈등과 혼란을 일으킵니다.

도가에서는 인위는 억지스럽고 불필요한 노력을 요구하며 궁극적으로는 실패로 이어진다고 봅니다. 따라서 이런 인위를 과감히 배제하는 행동인 무위는 아무것도 하지 않는 상태가 아니라 가장 바람직한 것을 하는 상태라 볼 수 있습니다.

- 자연(自然)

도가에서 말하는 '자연'이란 개념은 현대 사회에서 일상적으로 쓰이는 '자연'이라는 단어와는 의미가 다릅니다. 일반적으로 '자연'은 인간이 만든 것이 아닌 산·바다·동식물 등과 같은 자연환경을 가리키며 주로 인공과 대조되는 의미로 사용됩니다. 하지만 도가에서의 자연은 이런 자연환경이라는 의미를 넘어선 철학적 개념으로, 억지로 꾸미지 않은 "모든 사물과 현상의 본성 그대로의 상태"를 의미합니다.

따라서 앞서 설명한 '무위'라는 단어와 합쳐진 무위자연(無爲自然)이란 개념은 '인위적으로 세상을 통제하거나 변화시키려는 태도를 버리고, 세상 만물의 본성에 간섭하지 않고 조화를 이루며 살아가는 자세'를 의미합니다. 즉, 수동적·소극적 행위일 것이라는 사회적 편견과는 다르게 무위자연의 삶이란, 가장 효율적으로 세상의 흐름을 따르는 능동적·적극적 행위인 것입니다.

도가와 도교의 차이

누군가가 도道를 닦는다고 하면 많은 사람들이 도사道士를 떠올립니다. 산, 계곡, 숲 등의 대자연 속에 은둔하여 수천 년 동안 불로장생하고, 긴 수염 휘날리고 도술을 부리며 구름을 타고 다니는 이미지를 떠올리지요. 때문에 이런 도사적인 이미지와 연관 지어 도가사상을 비과학적이라고 오해하는 사람도 다소 있습니다. 하지만 엄밀히 말하면 이런 도사의 이미지는 주로 도가가 아닌 도교에서 비롯된 것입니다.

도가는 노자와 장자를 중심으로 형성된 고대 중국 철학의 한 갈래입니다. 우주의 근본 원리인 도道와 이를 따르는 인간의 삶을 강조합니다. 그에 반해 도교는 이런 도가사상과 중국 고대의 민간신앙이 결합하며 탄생한 종교적 체계입니다. 도교는 신앙, 의례, 영생, 불로장생과 같은 종교적 실천을 통해 신자들에게 구원과 복을 제공합니다. 불로장생, 초능력, 도술, 부적, 공중부양, 순간이동, 기공법, 부적 등의 초현실적인 내용들은 주로 도교에서 유래한 산물입니다.

도道를 닦는 사람?

물론 과학을 기준으로 이러한 문화를 함부로 평가해서는 안 됩니다. 도교의 비과학적인 요소들도 사회적 결속, 심리적 위안 등의 측면에서 중요한 역할을 하고 있기 때문입니다. 따라서 도교의 비과학적 요소를 맹목적으로 비판하기보다는 상징적·문화적·심리적 의미를 이해하고 종교적 맥락에서 수용하는 접근이 필요합니다.

다만, 이러한 도교를 도가와 엄밀히 구분하지 않고, 도가사상을 무작정 비과학적이라고 매도하는 상황은 해명할 필요가 있기에 언급한 것입니다. 도가사상에는 메시지의 효과적 전달을 위한 의도적인 비유나 과장은 있지만, 근본적인 속뜻을 파악한다면 실질적으로는 과학적인 요소가 상당히 많기 때문입니다. 심지어 더 나아가 일부 현대 과학자들은 생태학, 자연철학, 물리학과의 유사성을 언급하며, 도가사상에 긍정적 평가를 내리기도 합니다.

도가사상에 대한 현대 과학의 관점

현대 과학과 도가사상은 각기 다른 환경과 맥락에서 발전한 체계이지만, 자연에 대한 이해와 접근방식에서 흥미로운 유사성을 가집니다. 실제로 상호 연결성, 불확정성, 상대주의 등 많은 관점에서 두 학문은 비슷한 가치관을 공유합니다.

예를 들어 현대 물리학과 도가사상에서 유사한 관점이 관찰됩니다. 도가사상의 상대주의 철학은 절대적 기준이나 고정된 진리를 부정하며,

모든 것은 상대적이고 유동적이라고 말합니다. 모든 판단은 관점에 따라 다르며, 옳고 그름조차 절대적이지 않다는 의미이지요.

현대 물리학의 상대성이론은 시간과 공간조차 절대적이지 않으며, 관찰자의 기준틀에 따라 다르게 측정될 수 있다고 설명합니다. 상대성이론의 창시자인 알베르트 아인슈타인은 시간의 상대성을 설명하기 위해 다음과 같은 비유를 들었다고 알려져 있습니다(단, 이 표현을 아인슈타인이 직접 언급한 것인지에 대한 논란은 있지만, 상대성이론을 대중에게 쉽게 설명한 매우 가치 있고 훌륭한 비유로 평가되고 있습니다).

"아름다운 여성과 함께 있는 1시간은 1분처럼 느껴지지만, 뜨거운 난로 위에 앉아 있는 1분은 1시간처럼 느껴진다."

현대 양자역학에서도 도가사상과 유사한 관점이 관찰됩니다. 고전 역학에서는 "모든 입자의 위치와 운동량을 정확히 측정할 수 있다."고 믿었지만, 현대 양자역학에서는 "위치와 운동량을 동시에 정확히 측정하는 것은 불가능하다."는 '불확정성 원리'가 핵심 개념으로 자리 잡고 있습니다. 예를 들어 전자와 같은 미세한 입자를 관찰하기 위해 빛을 비추는 순간, 빛의 광자가 전자에 충돌하며 운동 상태에 영향을 미칩니다. 이는 관찰행위가 대상의 상태를 변화시켜 완벽한 측정을 불가능하게 만든다는 사실을 보여줍니다.

이러한 양자역학의 불확정성 원리는 양자세계의 본질적 특성을 다른 과

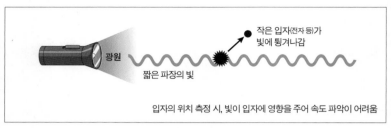

작은 입자(전자 등)가
빛에 튕겨나감

광원

짧은 파장의 빛

입자의 위치 측정 시, 빛이 입자에 영향을 주어 속도 파악이 어려움

불확정성 원리

학적 개념이지만, 그 결과로 나타나는 '측정 불가능성'은 도가사상에서 말하는 '도는 말로 설명할 수 없는 것'이라는 통찰과 유사한 면이 있습니다. 그리고 이 외에도 현대 과학과 도가사상은 많은 철학적 유사성을 공유하고 있습니다.

물론 현대 과학과 도가사상은 본질적 목표, 방법론, 언어 등이 다르기 때문에 맹목적으로 통합되는 학문이라고 보기에는 분명 무리가 있습니다. 현대 과학과 도가사상의 연결은 어디까지나 철학적 해석과 비유의 영역이며, 과학적 검증이나 엄밀한 이론으로 입증된 것은 아니기 때문입니다.

그럼에도 불구하고, 여러 과학자들은 도가사상을 자연의 조화, 시스템적 사고, 생태학적 관점 등 다양한 측면에서 깊은 통찰을 제공하는 심오한 철학으로 평가합니다. 또한 도가사상은 현대 과학자들에게 영감을 주거나 과학의 한계를 보완하는 철학적 사고의 틀로 활용될 수 있습니다. 이는 도가사상이 시대와 학문을 초월하여 여전히 중요한 가치를 지닌 철학적 유산임을 보여줍니다.

현대 사회에서 도가사상의 의의

『도덕경』과 『장자』에 위작이 섞여 있다는 주장은 학계에서 오랫동안 논의되어 온 주제입니다. 두 책 모두 오랜 세월에 걸쳐 전해져 왔기 때문에, 일부 내용이 원작자인 노자와 장자의 손을 떠나 후대에 변형되었을 가능성이 제기됩니다.

실제로 많은 학자들이 『도덕경』과 『장자』는 순수한 1인의 창작물이 아니라, 후대의 영향도 반영된 집단 창작물이라 보고 있습니다. 그 결과, 주된 내용은 도가사상이긴 하지만 다른 학파의 철학적 사상이 함께 버무려진 부분도 적지 않습니다. 확실히 위작이라고 추정되는 부분은 다른 구절에 비해서 문장의 품격이 떨어지거나 철학적 일관성이 약하며 다양한 사상이 섞여 있다고 평가됩니다.

문화재의 감정가를 산정하는 유명 프로그램인 〈TV쇼 진품명품〉을 보신 분이라면 위작 여부가 얼마나 중요한지 잘 아실 것입니다. 실제로도 몇몇 출연자들은 본인들이 소장한 문화재의 가치를 수억 원으로 믿고 있었는데 1,000원도 안 되는 모조품으로 판정받자 넋이 나가는 웃지 못할 상황을 보여주기도 했습니다. 물론 『도덕경』과 『장자』의 전체가 위작이라는 의미는 아니기에 〈TV쇼 진품명품〉 속 모조품과 비교하긴 어렵지만,

어찌 되었든 일부라도 위작이 섞여 있다는 점은 그 순수성과 가치에 큰 타격을 주지 않을까 생각될 수도 있습니다.

하지만 흥미롭게도 『도덕경』과 『장자』에 위작이 섞여 있기에 오히려 그 가치가 높아진다고 평가하는 학자들도 많습니다. 그들은 위작이 섞여 있다는 사실 덕분에, 노장의 사상이 독단적이고 고립된 철학이 아니라 시대와 문화 속에서 상호작용하며 발전해 온 철학임이 증명된다고 평가합니다. 실제로 노장의 저서에는 도가사상뿐만 아니라 유가, 병가, 묵가, 음양가 등의 사상이 혼합되어 춘추전국시대의 사상적 다양성을 반영합니다.

이는 도가사상이 단순히 추상적 사유에 머물지 않고, 현실 정치와 사회의 요구에 적응하면서 생명력을 유지했음을 보여줍니다. 즉, 위작은 사상적 대화의 산물이며 그만큼 도가사상이 광활하게 열려 있고 유연하며 통합적인 사상임을 보여주는 증거입니다. 또한 시대를 초월하여 지속적으로 재해석되고, 다양한 시대와 문화에서 새롭게 활용될 수 있는 철학적 생명력을 가진 텍스트임을 증명하는 것입니다.

21세기 현대 사회에서도 도가사상은 철학적·환경적·심리적·사회적 측면에서 깊은 통찰을 제공합니다. 또한 지속 가능한 삶, 정신적 평화, 자연과의 조화 등을 강조하며, 현대 사회의 다양한 문제를 해결하고 균형 잡힌 삶을 제시하는 중요한 사상으로 평가됩니다.

도가의 무위자연 사상은 자연을 억지로 조작하지 말고 흐름에 순응하길 강조합니다. 이는 인간이 환경을 과도하게 착취하거나 조작하지 말고, 자연 생태계와 공존해야 한다는 현대 생태학의 원리와 일치합니다. 또한 물질적 성공보다 정신적 평화를 추구하도록 이끌어, 현대인들이 과도한 경쟁과 소비 중심의 삶에서 벗어나 삶의 진정한 가치를 되돌아보게 합니다.

도가의 상대주의적 사고는 절대적인 기준이나 보편적 진리를 부정하며, 모든 것이 상대적이고 상황에 따라 변한다고 말합니다. 이러한 상대주의적 태도는 서로 다른 가치와 문화를 존중하는 철학적 기반을 제공하여 현대 다문화 사회에서 상호이해와 공존의 원리로 적용될 수 있습니다.

또한 어디에도 구속되지 않고 열려 있는 도가사상은 창의적 영감을 제공합니다. 따라서 디자인, 건축, 음악, 문학 등의 다양한 예술 분야에서 독창적인 결과물을 창조하는 데 기여하고 있습니다.

결론적으로 『도덕경』과 『장자』로 대표되는 도가사상은 단순한 고대의 철학을 넘어 시대와 문화를 초월해 다양하게 해석되고 응용되는, 유연하고도 포괄적인 철학적 플랫폼이라 할 수 있습니다.

- 인생조로, 16쪽

  莊子. (2019). *장자: 낙천적 허무주의자의 길* (김갑수. 역). 글항아리. 41-42.

- 무용지용, 34쪽

  莊子. (2019). *장자: 낙천적 허무주의자의 길* (김갑수. 역). 글항아리. 99-100.

- 학구소붕, 46쪽

  老子. (2023). *마음으로 읽어내는 도덕경: 5천 글자에 새긴 하늘과 땅과 사람* (정창영. 역). 태학사. 145.

- 상리공생, 56쪽

  Margulis, L. (2007). *공생자 행성: 린 마굴리스가 들려주는 공생 진화의 비밀* (이한음. 역). 사이언스북스. (원저 출판 연도 1998년). 197.

- 노마지지, 68쪽

  https://terms.naver.com/entry.naver?docId=1168330&cid=40942&categoryId=32972

- 만물제동, 78쪽

  莊子. (2006). *장자* (송지영. 역). 신원문화사. 52-53.

- 천장지구, 96쪽

  老子. (2023). *마음으로 읽어내는 도덕경: 5천 글자에 새긴 하늘과 땅과 사람* (정창영. 역). 태학사. 35.

- 쾌락적응, 104쪽

  老子. (2023). *마음으로 읽어내는 도덕경: 5천 글자에 새긴 하늘과 땅과 사람* (정창영. 역). 태학사. 48.

- 중용지도, 114쪽

  莊子. (2019). *장자: 낙천적 허무주의자의 길* (김갑수, 역). 글항아리. 331.

- 상선약수, 126쪽

  老子. (2023). *마음으로 읽어내는 도덕경: 5천 글자에 새긴 하늘과 땅과 사람* (정창영, 역). 태학사. 37.

- 제행무상, 138쪽

  莊子. (2006). *장자* (송지영, 역). 신원문화사. 164.

- 운출무심, 152쪽

  莊子. (2006). *장자* (송지영, 역). 신원문화사. 154.

- 생사일여, 164쪽

  莊子. (2006). *장자* (송지영, 역). 신원문화사. 342-343.

- 연비어약, 182쪽

  莊子. (2006). *장자* (송지영, 역). 신원문화사. 394-395.

- 위자패지, 202쪽

  莊子. (2019). *장자: 낙천적 허무주의자의 길* (김갑수, 역). 글항아리. 173-174.

- 무위자연, 214쪽

  莊子. (2019). *장자: 낙천적 허무주의자의 길* (김갑수, 역). 글항아리. 152.

- 불립문자, 222쪽

  莊子. (2019). *장자: 낙천적 허무주의자의 길* (김갑수, 역). 글항아리. 252-253.

가람기획 편집부. (2002). 천문학 작은사전. 가람기획.

강성률. (2009). 청소년을 위한 동양철학사: 한 권으로 끝내는 동양철학 이야기. 평단문화사.

강신주. (2014). 매달린 절벽에서 손을 뗄 수 있는가?: 무문관, 나와 마주 서는 48개의 질문. 동녘.

강신주. (2016). 철학 VS 철학: 동서양 철학의 모든 것. 오월의봄.

과학교사모임(의정부). (2010). 과학 선생님도 궁금한 101가지 과학 질문 사전. 북멘토.

곽영직. (2006). 슈뢰딩거가 들려주는 양자물리학 이야기. 자음과모음.

구인환. (2002). 고사성어 따라잡기. 신원문화사.

김민재, 강수경, 전양현, 홍정표, & 어규식. (2013). 하행성 조절계: 만성 통증에 대한 제어 작용. *Journal of Oral Medicine and Pain*, 38(2), 215–219.

김상욱. (2023). 하늘과 바람과 별과 인간: 원자에서 인간까지. 바다출판사.

김승권, 장영식, 차명숙, & 조홍식. (2008). 한국인의 행복결정요인과 행복지수에 관한 연구(연구보고서 2008-13). 한국보건사회연구원. https://repository.kihasa.re.kr/handle/201002/544

김승수. (2013). 스타권력의 정치경제학적 분석. 한국언론정보학보, 119–139.

김용완, 신학수, 이복영, 백승용, 구자옥, 김창호, 김승국, & 이루다. (2008). *상위 5%로 가는 화학교실 2: 기초 화학(하)*. 위즈덤하우스.

김정빈. (2000). 근본불교의 가르침. 불광출판사.

김종인. (2010). 직업별 수명의 차이–48년간(1963–2010) 자료. 보건과 복지, 12, 9–16.

김항배. (2020). 태양계가 200쪽의 책이라면. 세로북스.

김화실. (2012). 함무라비 법전에 대한 一考 [국내박사학위논문, 강원대학교 교육대학원].

대한치과마취과학회. (2010). 치과 마취과학. 군자출판사.

[먹고 입고 사랑하라] 인간에 의한, 인간을 위한 공장식 축산. (2019년 5월 17일). 환경운동연합. https://kfem.or.kr/energy/?bmode=view&idx=17907892

박기복. (2015). 철학 콘서트, 장자: 10대, 장자에게 길을 묻다. 행복한나무.

박희정, 백경원, & 김춘식. (2024). 삼나무와 편백 조림지의 낙엽·낙지에 의한 탄소 및 질소유입량. 한국산림과학회지(구 한국임학회지), 113(1), 97−106.

배진수. (2013). 금요일. 소담출판사.

서울과학교사모임. (2009). 묻고 답하는 과학 톡톡 카페 1: 지구과학·생물. 북멘토.

서은국. (2024). 행복의 기원: 인간의 행복은 어디서 오는가. 21세기북스.

안정애. (2012). 중국사 다이제스트 100. 가람기획.

오강남. (1995). 도덕경. 현암사.

오강남. (1999). 장자. 현암사.

오강남. (2022). 오강남의 생각. 현암사.

이덕환. (2007). 이덕환의 과학세상: 우리가 외면했던 과학 상식. 프로네시스(웅진).

이민성. (1994). 지구상의 물의 기원. 지하수토양환경, 1(2), 73−79.

이수웅. (2001). 역사 따라 배우는 중국문학사. 다락원.

이용택 & 김경미. (2020). 생존교양. 한빛비즈.

이원복. (2012). 먼나라 이웃나라 10: 미국 1(미국인 편). 김영사.

이원복. (2008). 신의 나라 인간 나라: 신화의 세계 편. 김영사.

이정모. (2015년 8월 4일). [이정모 칼럼] '인터스텔라'는 틀렸다. 한국일보. https://www.hankookilbo.com/News/Read/201508041318429269

이정모. (2015). 공생 멸종 진화: 생명 탄생의 24가지 결정적 장면. 나무나무.

전국치과대학(원) 생리학교수협의회. (2016). *치의학을 위한 생리학(제3판)*. 대한나래출판사.

정성훈. (2011). *사람을 움직이는 100가지 심리법칙*. 케이앤제이.

정지섭. (2008년 12월 27일). [Why] 사자? 호랑이?…코끼리·코뿔소가 들으면 '코웃음'. *조선일보*. https://www.chosun.com/site/data/html_dir/2008/12/26/2008122601098.html

조재휘. (2021 2월 22일). [카드뉴스] 인간의 욕심이 불러일으킨 재앙, 멸종된 동물들. *시선뉴스*. https://www.sisunnews.co.kr/news/articleView.html?idxno=137554

주스웨덴대사관. (2008년 10월 8일). 노벨상 상세보기 | 스웨덴 정치 | . *주스웨덴 대한민국 대사관*. https://overseas.mofa.go.kr/se-ko/brd/m_7987/view.do?seq=654783

철학사전편찬위원회. (2023). *철학사전(신판)*. 중원문화.

탈무드: 유대인의 지혜를 담은 인생 최고의 선물. (2021). (김이랑, 편역). 시간과공간사.

하재춘. (2013). *동양철학과 현대물리학의 연관성 고찰* [석사학위논문, 경기대학교]. http://www.riss.kr/link?id=T13275148

한국항공우주연구원. (2020년 5월 20일). 우주선들의 착륙이 쉽지 않은 이유. *네이버 블로그*. https://blog.naver.com/karipr/221993853321

蔡志忠. (1998). *노자 1, 2* (황병국, 역). 대현출판사.

蔡志忠. (1998). *장자 1, 2* (황병국, 역). 대현출판사.

老子. (2023). *마음으로 읽어내는 도덕경: 5천 글자에 새긴 하늘과 땅과 사람* (정창영, 역). 태학사.

老子. (2014). *도덕경: 오천 자로 세상 모든 비밀을 풀다* (정창영, 역). 물병자리.

莊子. (2006). *장자* (송지영, 역). 신원문화사.

莊子. (2019). *장자: 낙천적 허무주의자의 길* (김갑수, 역). 글항아리.

增谷文雄. (2001). *아함경* (이원섭, 역). 현암사.

Baggini, J. (2012). *에고 트릭: '나'라는 환상, 혹은 속임수를 꿰뚫는 12가지 철학적 질문* (강혜정, 역). 미래인(미래M&B). (원저 출판 연도 2011년)

Ball, P. (2012). *H2O: 지구를 색칠하는 투명한 액체* (강윤재, 역). (원저 출판 연도 1999년)

Brickman, P., Coates, D., & Janoff-Bulman, R. (1978). Lottery winners and accident victims: Is happiness relative? *Journal of Personality and Social Psychology*, 36(8), 917–927. https://doi.org/10.1037/0022-3514.36.8.917

Buettner, D. (2009). *블루존: 세계 장수 마을* (신승미, 역). 살림Life. (원저 출판 연도 2008년)

Campbell-Staton, S. C., Arnold, B. J., Gonçalves, D., Granli, P., Poole, J., Long, R. A.,

& Pringle, R. M. (2021). Ivory poaching and the rapid evolution of tusklessness in African elephants. *Science, 374*(6566), 483–487.

Capra, F. (2006). *현대 물리학과 동양사상* (김용정 &이성범, 역). 범양사. (원저 출판 연도 1975년)

Chaisson, E. (2001). *Cosmic evolution: The rise of complexity in nature.* Harvard University Press.

Challoner, J. (2015). *Big Questions 118 원소* (곽영직, 역). Gbrain.

Charlson, R. J., Lovelock, J. E., Andreae, M. O., & Warren, S. G. (1987). Oceanic phytoplankton, atmospheric sulphur, cloud albedo and climate. *Nature, 326*(6114), 655–661.

Christian, D. (2013). *시간의 지도: 빅 히스토리 입문* (이근영, 역). 심산. (원저 출판 연도 2004년)

Conselice, C. J., Wilkinson, A., Duncan, K., & Mortlock, A. (2016). The evolution of galaxy number density at z 〈8 and its implications. *The Astrophysical Journal, 830*(2), Article 83. https://doi.org/10.3847/0004-637X/830/2/83

Crowther, T. W., Glick, H. B., Covey, K. R., Bettigole, C., Maynard, D. S., Thomas, S. M., ... & Bradford, M. A. (2015). Mapping tree density at a global scale. *Nature, 525*(7568), 201–205.

Darwin, C. (2019). *종의 기원* (장대익, 역). 사이언스북스. (원저 출판 연도 1859년)

De, K., MacLeod, M., Karambelkar, V., Jencson, J. E., Chakrabarty, D., Conroy, C., ... & Vanderburg, A. (2023). An infrared transient from a star engulfing a planet. *Nature, 617*(7959), 55–60.

DeMarco, M. J. (2022). *부의 추월차선* (신소영, 역). 토트. (원저 출판 연도 2011년)

DeWitt, R. (2020). *당신 지식의 한계, 세계관: 과학적 생각의 탄생, 경쟁, 충돌의 역사* (김희주, 역). 세종서적. (원저 출판 연도 2004년)

Diamond, J. (2023). *총, 균, 쇠: 인간 사회의 운명을 바꾼 힘* (강주헌, 역). 김영사. (원저 출판 연도 1997년)

DK 『인체 원리』 편집 위원회. (2017). *인체 원리: 인포그래픽 인체 팩트 가이드* (김호정 & 박경한, 역). 사이언스북스.

Dyer, W. (2021). *치우치지 않는 삶: 웨인 다이어의 노자 다시 읽기* (신종윤, 역). 나무생각. (원저 출판 연도 2007년)

Emiliani, C. (2008). *The scientific companion: exploring the physical world with facts, figures, and formulas.* Turner Publishing Company.

François, B. (2024). *바다의 천재들: 물리학의 한계에 도전하는 바다 생물의 놀라운 생존 기술* (이충

호. 역). 해나무.

Gonick, L., & Outwater, A. (2022). *세상에서 가장 재미있는 지구환경* (이희재. 역). 궁리출판. (원저
　　　출판 연도 1998년)

Greene, B. (2005). *우주의 구조: 시간과 공간, 그 근원을 찾아서* (박병철. 역). 승산. (원저 출판 연도 2004년)

Harari, Y. N. (2015). *사피엔스: 유인원에서 사이보그까지, 인간 역사의 대담하고 위대한 질문* (조
　　　현욱. 역). 김영사. (원저 출판 연도 2011년)

How many people have ever lived on Earth? (n.d.). National Institute of Corrections. https://
　　　info.nicic.gov/ces/global/population-demographics/how-many-people-have-ever-lived-earth

Linde, A. & Vanchurin, V. (2010). How many universes are in the multiverse? *Physical Review D,*
　　　81(8), 083525. https://doi.org/10.1103/PhysRevD.81.083525

Lovelock, J. (2023). *가이아: 살아 있는 생명체로서의 지구* (홍욱희. 역). 갈라파고스. (원저 출판 연도
　　　1979년)

Margulis, L. (2007). *공생자 행성: 린 마굴리스가 들려주는 공생 진화의 비밀* (이한음. 역). 사이언스
　　　북스. (원저 출판 연도 1998년)

Millard, J., Outhwaite, C. L., Ceauşu, S., Carvalheiro, L. G., da Silva e Silva, F. D., Dicks, L.
　　　V., ... & Newbold, T. (2023). Key tropical crops at risk from pollinator loss due to climate
　　　change and land use. *Science Advances, 9*(41), eadh0756.

Okeson, J. P. (2014). *Bell's oral and facial pain* (7th ed.). Quintessence Publishing Co.

Okeson, J. P. (2019). *Management of temporomandibular disorders and occlusion* (8th ed.).
　　　Mosby.

Overstreet, W. [To Scale:]. (2015, September 16). *To scale: The solar system* [Video]. Youtube.
　　　https://youtu.be/zR3Igc3Rhfg

Phillips, T. (2019). *인간의 흑역사* (홍한결. 역). 윌북. (원저 출판 연도 2018)

Pyle, R. (2017). *빅 퀘스천 화성* (Big Questions Mars) (곽영직. 역). 지브레인. (원저 출판 연도 2016년)

Russell, B. (2005). *행복의 정복* (이순희. 역). 사회평론. (원저 출판 연도 1930년)

Sagan, C. (2006). *에덴의 용: 인간 지성의 기원을 찾아서* (임지원. 역). 사이언스북스. (원저 출판 연도
　　　1977년)

Sagan, C. (2006). *코스모스* (홍승수. 역). 사이언스북스. (원저 출판 1980년)

Schrödinger, E. (2011). *생명이란 무엇인가: 물리학자의 관점에서 본 생명현상* (서인석. 역). 한울(한
　　　울아카데미). (원저 출판 연도 1944년)

Sender, R., & Milo, R. (2021). The distribution of cellular turnover in the human body. *Nature medicine*, *27*(1), 45–48.

Sender, R., Fuchs, S. & Milo, R. (2016). Are we really vastly outnumbered? Revisiting the ratio of bacterial to host cells in humans. *Cell*, *164*(3), 337–340. https://doi.org/10.1016/j.cell.2016.01.013

Skinner, B. J., & Porter, S. C. (2000). *푸른행성: 지구환경과학개론* (김동주 외, 역). 시그마프레스. (원저 출판 연도 1995년)

Toon, O. B. (1994). *Modeling the relationships between aerosol properties and the direct and indirect effects of aerosols on climate*. NASA Ames Research Center. https://ntrs.nasa.gov/citations/20020016052

Volkow, N. D., & Baler, R. (2013). Addiction: A disease of self-control. *Neurosciences and the Human Person: New Perspectives on Human Activities*, *121*, 1–7.

Water Science School. (2019, July 16). All Earth's water in a single sphere. *U.S. Geological Survey*. https://www.usgs.gov/media/images/all-earths-water-a-single-sphere

Wohlleben, P. (2018). *자연의 비밀 네트워크: 나무가 구름을 만들고 지렁이가 멧돼지를 조종하는 방법* (강영옥, 역). 더숲. (원저 출판 연도 2017년)

WWF. (2024). *Living Planet Report 2024–A system in peril*. WWF, Gland, Switzerland.

Zalasiewicz, J., Williams, M., Waters, C. N., Barnosky, A. D., Palmesino, J., Rönnskog, A. S., ... & Wolfe, A. P. (2017). Scale and diversity of the physical technosphere: A geological perspective. *The Anthropocene Review*, *4*(1), 9–22.